藍學堂

學習・奇趣・輕鬆讀

贏在邏輯思考力

思考力

玩一場擴張邊界的遊戲

好懂秒懂知識專家，挑戰邏輯思維簡單說——**郝旭烈** 著

第1篇 思維：擴張邊界 023

善用模式二、提供大腦期待的簡單結論
原理工具
課後練習

第4篇 應用：問題分析　153

各界推薦

（依姓氏筆畫排列）

❝ 『舉重若輕』是我在看完郝哥的最新作品後，心中浮現的第一個想法，這本書有條不紊地談著邏輯思考，卻一點也不嚴肅，貫穿全書、相當生活化的小故事，讓我邊笑邊讀完全書，也不知不覺小學幾招。

面對職場人生的挑戰，能夠『舉重若輕』的人，往往可以淡定但精準的分析現況、問對問題，好像不需要太費力，就能秒懂問題的核心，提出對證下藥的解決方案，而這些人的『底氣』往往都來自很強的『邏輯思考力』！

你也想成為從容解決問題的高手嗎？不如和我一起來讀讀《贏在邏輯思考力》、練練這職場必備的看家本領！❞

——Shannon Pu／盛思整合傳播顧問集團創辦人、
商業類暢銷書作者

❝ 這本書，郝哥用一貫生活化、好懂、秒懂的風格，幫你在渾沌中理出脈絡。你會發現，有了清晰的邏輯，你更能看清人世運作道理，幫腦海紛亂思緒做出整理，表達更有條理，讓世界更容易懂你。進而，你能擴大思

維的邊界，面對世間，想法可以更多元、更包容。我甚至覺得，你會因為對人事物有更開闊的理解，變得更慈悲、更謙卑。清晰的邏輯思考，的確有更高勝率讓你成為『贏家』。如果你更因此變得開闊、慈悲，你還會成為身邊人敬重的『大家』。**99**

──火星爺爺／作家、企業講師

66 邏輯思考力就是企業顧問的祕密！身為企業顧問，如何在不同產業、規模、特性的公司間有效率提供高品質的診斷、輔導，看完整本書後我發現，原來自己一路以來學習摸索的內隱知識，都讓郝哥以好記的金句、輕鬆的故事串成這本《贏在邏輯思考力》裡。

結論先行，為了快節奏的企業步調；由上統下，為了多元化的觀點解析；歸類分組，為了系統性的類比索引；邏輯遞進，為了兼顧經驗與本質。特別警惕郝哥書中說的『大腦習慣簡單與單一』，所以用這本書當做練習的法門，讓工作與生活都能夠活得更有效能與效率，就像郝哥身體力行的美好示範一樣。**99**

──江守智／精實管理顧問

" 旭烈（郝哥）來自人文宗教家庭，他感性的虔誠信仰與奉獻服務的社會關懷精神，以及理性的科技產業歷練（台積電、力晶、淡馬錫、大亞投資等），使他能夠將商業、財務、邏輯思維的觀念與原理，以大白話形式化繁為簡地詮釋，而讀者也能輕鬆明快、好懂秒懂地吸收他所分享、傳達的正知正見。彼人、彼願、彼書正是人文、科技、創新的標竿人、事、物。

他在新作《贏在邏輯思考力》的分享中，一以貫之地鼓舞、激勵讀者拓寬視野邊界，探索人生的各種可能。相信心（思維）有多寬，路就有多寬；釐清了解大腦運作與心法；持續積極學習、行動與實踐，從相信、了解、執行到實證，不就是覺者諄諄為我們指引歸納的『信、解、行、證』嗎？

書如其人，正向利他分享、高度效率與價值的閱讀收益性價比，讚歎與祝福。"

——林安鴻／生生國際、家文化研究基金會創辦人

" 跟郝哥是在商周的課程認識的，當時對於郝哥在商業經營上的見解特別崇拜。之後每每有機會跟郝哥喝咖啡請益，都有一種醍醐灌頂的感受，除了商業智慧外，也佩服郝哥的生活哲學。

郝哥深入淺出的分析歸納，以及精闢的生活舉例，都讓

《贏在邏輯思考力》一書的內容親民易吸收。這本書的『目的』很明確，就是讓讀者有更多思考工具，能夠擴張邊界，不讓自己的邏輯侷限自己。強烈推薦讀者們和我一同向郝哥取經，站在巨人的肩膀上看世界。**"**

——林宏遠／可爾姿（Curves）執行長

" 跟郝哥認識一陣子了，有一天想找他來我們公司培訓員工。所以，我們先找了個時間，對焦一下我想要解決公司什麼樣的問題。我劈哩啪啦地說了一大段，從外太空說到內子宮，講到我都覺得自己有點失焦了。在聽我說了二十分鐘後，郝哥開口了。為了確認我想要表達的問題，他把我剛剛說的話，透過有架構的方式重新敘述一次。短短幾分鐘，完整掌握我剛剛說了二十分鐘的雜亂內容，讓我不禁讚嘆，原來，自認為思考邏輯清晰的我，還有這麼不足的地方需要進步！我記得自己驚訝地跟郝哥說：『哇，郝哥，你太強了吧！怎麼有辦法把這麼發散的內容，變得如此有架構，如果我的團隊有你的三成功力，那該有多好啊！』

郝哥說：『你瞧，我們這不是有了交集了嗎？老弟你自己說出了團隊痛點啊，那我們就從提升邏輯思考力開始吧！』

不管是策略發想、溝通協調、學習新知等,各種面向幾乎都脫離不了邏輯思考力。為了讓自身成長、團隊成長,我認為提升邏輯思考力是首要任務,也是最具備投資報酬率的任務。還記得一開始上課時,郝哥就用一句話來開頭,他說:『接下來,我們將要玩一場擴張邊界的遊戲。』大家一聽到遊戲,眼睛都亮了,上起課來個個精神抖擻、專注力爆棚。

郝哥就是有這麼神奇的能力,能夠在談笑風生之間把知識灌輸給聽眾,而這個知識也被郝哥濃縮成精華,發行了這本《贏在邏輯思考力》。很開心郝哥出了這本書,因為透過文字,可以讓更多人不分地點、時間地學習,還可以重複看、一直看,讓我們的邏輯思考力更上一層樓!**99**

──侯劭諺／喜特麗國際股份有限公司總經理

66　當AI能夠整理資訊、寫文章、能畫畫、會聊天,甚至還能當小編的時候,我不禁思考那麼人們還剩下什麼呢?當我們不再缺乏資訊時,我們可能更需要的是對於資訊的判斷,以及如何增加個人的影響力。

那麼該怎麼做到呢?郝哥這本書給了我們完整的路徑。

首先重新定義我們看世界的角度,接著更熟悉我們的大腦

運作，再來給你立即可用的工具，最後解決生活問題。
當你看完後，你一定會同意這不只是一本談邏輯的書，
而是在資訊爆炸的時代，幫我們升級大腦的加速器！ **99**

——張忘形／溝通表達培訓師

66 認識旭烈超過30年。從到民歌西餐廳買票聽他唱木
棉道；在企管課堂上一起用老式投影機演皮影戲講個
案；年會上被他拉二胡和跳超高難度的國標舞所折服；
他這男人，總是不斷令人驚艷。

多年以來，旭烈走遍大江南北，千山萬水，竟活出新境
界，成為一名花樣少年鐵人、知性網紅、名牌導師及暢
銷作家。旭烈可以在阿里山唱阿里山的山歌，在峨眉山
唱峨眉山的山歌，旋律自在，表達精準。跟著郝哥玩一
場擴張邊界的遊戲，您一定可以贏在邏輯思考力！ **99**

——程耀輝／台灣水泥公司總經理

66 第一次見到郝哥是接到《郝聲音》的邀請，去上他
的podcast，第一次見面時就志趣相投，心想怎會有如
此奇才，博學多聞，如此健談又謙遜的外型下，居然蘊

含了台積電的渾厚營運背景及創投大師的經驗，甚至還是個能跑馬拉松的運動高手！後來和郝哥多次互動，愈來愈熟之後，才發覺，郝哥最強的地方，在於其化繁為簡的能力，任何複雜的學說、理論，經過他的演繹和說明，都能讓大家舒舒服服的入口，這真是一種傳道者的天賦！也難怪郝哥是一位如此受歡迎的超級演說家！這個天賦，如果不是因為對世界萬物的透徹觀察與充分理解，是絕對做不到的！我相信當您閱讀完這本書，就會有強烈的感受和獲得，『道理通了、什麼通了』，這本書值得您細細品嚐與分享，值得一讀再讀！**"**

——黃冠華／識富天使會聯合創始人、旭榮集團執行董事

" 許多人問我，『執行長，我上了很多溝通表達的課，為什麼似乎進步的幅度不大？』『執行長，我上了如何解決問題的課程，但為何遇到事件腦袋像糨糊，是哪裡卡關呢？』『執行長，我人生一切都有問題，但我不知道該從何下手？』

如果你有類似的困擾，或許郝哥的新書就是答案。用理性思維與邏輯訓練的這塊拼圖，能拼起你不知缺了什麼的工作成就、專業自信，甚至是財富與人生。

本書還將金字塔的述事與解決方案用更淺顯的方式說明，並分章分節循序漸進，這些在國際級顧問公司天價服務才能學習到的事，郝哥不藏私的分享讓這本書成為掌握人生成功要訣的教科書文 **99**

——劉宥彤／永齡基金會執行長

66 2019年，我與好友籌組電影公司，有關財務結構與規畫，我首先請教郝哥。他先問我幾個問題，我數度省思沉澱，他厲害的地方不是給出答案，而是邏輯思考與發問能力。

『高品質的投入，加上高品質的思考流程，才會有高品質的產出』，郝哥就是關鍵思考能力的佼佼者。『邏輯思考力』是門硬知識的技術，他的大白話解構能力，將本書變成可攜式、可轉換、可學習的一門絕妙藝術。 **99**

——謝文憲／企業講師、作家、主持人

學會邏輯才能搭建理解世界的橋梁

　　常常會聽到有人說，他聽不懂別人的邏輯，或者是他理解了別人的邏輯，但針對這「邏輯」兩個字，真正問起來，很多人不見得都能夠清晰陳述它的定義。

　　就我個人而言，邏輯就是一種彼此「認知交流」和「認知對準」的過程，如果溝通雙方的認知差異太大，就會很難理解彼此的邏輯，達到溝通或解決議題的目的。

　　因此，「提升自己的認知」，和「體諒他人的認知」，讓彼此都在同一個認知水平上進行交流，才會有實質上的邏輯可言。

　　所以，在本書中，有三個非常關鍵的概念是貫穿《贏在邏輯思考力》架構的重要前提：

- 擴張邊界，不侷限
- 以終為始，不忘本
- 行動為王，不空想

關鍵前提一、擴張邊界，不侷限

　　邏輯思考，本質上就是一個理解的過程。針對我們不理解的事情，是沒有辦法在同一個邏輯維度上思考問

題的。

因此持續擴張認知的邊界，不侷限自己的理解，就是提升邏輯能力的第一步。

理解，就外在而言，必須持續不斷地與時俱進，才能夠有更好的歸納能力；而就內在而言，必須持續地追根究底，才能夠有更好的演繹能力。

不管是外在也好，又或者是內在也罷，強化理解能力，就是一種擴張認知邊界的概念。

不擴張邊界，就是畫地自限，思維狹隘是沒有辦法和思維寬闊的人進行有邏輯的對話和溝通。

就像《僧人心態》（*Think Like A Monk*）的作者傑·謝帝（Jay Shetty），他是英國前10強倫敦卡斯商學院的高材生，如果他從來沒有在學校遇到那位令他驚艷的僧侶學生，他不會知道僧人的生活、僧人的美好，進而決定出家為僧。

他說：

> 我們不可能成為我們不知道的人；
> 我們不可能理解我們不知道的事。

所以，

> 知道自己不知道是一件好事；
> 理解自己不理解是一件好事。

因為，

> 不知道，是知道的開始；
> 不理解，是理解的開始。

知道，

理解，

是「認知」擴張邊界的開始。

關鍵前提二、以終為始，不忘本

學習並提升邏輯能力，並不是要把自己訓練成一個辯論或者抬槓的高手。

邏輯，是一種達到目的的過程和工具，因此真正的關鍵，是先要思考自己想要的「目的」到底是什麼，才能夠有智慧地選擇適當的邏輯，來解決並達到自己的目的。

就像有次週日早上，我和老婆開心地到咖啡廳裡去

吃早餐，然後就發生了這樣的對話：

坐下來5分鐘之後……

老婆：「我剛才說什麼你有聽到嗎？」

在下：「沒有耶！」

老婆：「你耳朵可能有問題，要去看醫生。」

又過了5分鐘之後……

在下：「我剛才說什麼妳有聽到嗎？」

老婆：「沒有耶！」

老婆：「你口齒可能不清晰，要去看醫生。」

如果真要說說這兩段對話的邏輯，誰能告訴我它到底是個什麼樣的邏輯？

老婆說話，在下沒聽到，是我耳朵有問題。

在下說話，老婆沒聽到，是我口齒有問題。

但是認真思考過待在咖啡廳真正的目的，就是享受兩人溫馨的時光。那麼心目中的邏輯，在以終為始的最高指導原則之下，最好的回應方式，就是微笑以對，接著說：「老婆您說得對。」

然後看著她開心如花的笑容，不僅我們真的享受了這段溫馨的兩人時光，甚至回家之後，中午老婆還加碼

準備了豐盛的午餐佳餚。

所以，

> 邏輯工具不為輸贏；
> 思考目的才是本質。

關鍵前提三、行動為王，不空想

有人問我，騎自行車是什麼感覺？跑馬拉松是什麼感覺？參加鐵人三項又是什麼樣的感覺？

我說，我可以告訴你我的感覺，但是真正的感覺，每個人不一樣，你必須自己行動才會有屬於你自己的感覺，屬於你自己的認知邏輯。

這也就是為什麼，很多人問我什麼是真正的邏輯，我說真正邏輯是沒有共通的邏輯，因為每個人的目的和感受都不一樣。

甚至每個人在人生當中不同時期，目的也都不一樣，那麼這種情況之下，只有透過行動，做著做著才會知道自己的目的是什麼，才能選擇適合的邏輯。

就像我非常喜歡的YouTuber「老高與小茉」的男主老高，原來是學資訊的IT工程師，相信在他的人生職場

邏輯裡，從來沒有當一名YouTuber這種選項。

　　但是因為喜歡閱讀學習，喜歡說故事給小茉老婆聽，然後把故事說著說著搬上了YouTube，在受到了觀眾支持和歡迎之後，愈做愈好，愈做愈精進，一不小心就成了知名的知識型網紅。

　　這也就是為什麼，我喜歡用「遊戲」兩個字，會把《贏在邏輯思考力》，定義為「玩一場擴張邊界的遊戲」。因為遊戲總是讓人樂不思蜀，總是讓人想要一玩再玩，總是讓人忘記時間的流逝，常常會有著心流的喜悅。

　　既然邏輯思考的能力，需要持續不斷地與時俱進，需要持續不斷地追根究底。那麼從自己喜歡的領域開始行動，像玩遊戲一樣，流連忘返地擴張邊界，就會像幼苗到參天大樹一般，一點一滴不斷開心地成長茁壯。

　　期待我們一起「玩一場擴張邊界的遊戲」，一起在人生幸福的道路上「贏在邏輯思考力」。

邏輯思考力養成階段測驗

　　請針對下列10個問題進行自我評估，分別給予1到5分的評分。最同意5分，最不同意1分。將總成績加總，然後根據後面的評分建議，做為閱讀此書的溫馨參考：

1. 別人意見跟自己不一樣，不會立刻反駁，會想問問他的觀點和角度。
2. 聽到不理解的事情會很開心，並且想要把它搞懂。
3. 平常會習慣主動接觸新事物、新資訊。
4. 遇到新朋友，會想要理解他的工作領域、專業和興趣。
5. 會試著用各種方法，把學過的東西記在腦袋裡面。
6. 學習過的新知識或工具方法，會躍躍欲試地想要拿出來運用。
7. 當別人問自己問題，會試著詢問並分析問題本質，然後再回答。
8. 當別人推薦一本新書的時候，會興奮地想要買來看，或在網上聽書。
9. 碰到難解的問題，會尋找專家或書籍，看看是否有系統性的方法。
10. 做決策的時候，會參考多方意見，並認真地思考自己

決策目的到底為何。

01-20分：初階萌芽組。對於邏輯思考力概念處於打底建構的階段，建議本書可慢慢看，例如：每天一章，每章節看完之後，試著回想內容，並使用該章節工具完成課後練習。可重複看此書三次。

20-35分：中階茁壯組。對於邏輯思考力養成有一定的基礎，建議以本書的四大篇章依序閱讀，每次閱讀完一篇，自己可以總結出該篇章四大章節的一個重點。全書看完之後，可以針對16章的重點重新回想默記一次。

35-50分：高階繽紛組。邏輯思考力的習慣已經融入日常生活之中，建議此書可快速閱覽過目，並將16個章節與自身的習慣進行檢視，針對不熟悉部分，試著做課後練習。你也可以將本書當成講義，分享給更多人，提升人脈朋友圈的邏輯思考力。

第 1 篇

思維：
擴張邊界

思維就是心態，心態主導行為，
行為建立習慣，習慣掌握成敗。

很多人學習喜歡從工具和方法開始，
工具固然重要，但是正確思維是一切開端，
更加不可忽視。

思維對了，工具如虎添翼；
思維偏了，工具形同虛設。

第1章 從結論到觀點

- 不只針對結論判斷
- 而要理解角度觀點

　　記得在小女兒讀幼稚園的時候，有一次幾個朋友來家裡玩，看到小女兒很可愛就當面稱讚她說：「妹妹，妳長得好漂亮，長得好像爸爸喔！」原來朋友以為這樣的交談對話，應該會讓小孩子開心，讓身為老爸的我高興。殊不知他的話音才剛落，小女兒就開始嚎啕大哭了。

　　就在這個小妮子大哭的一剎那，她老爸，也就是我，看著朋友們的臉滿是尷尬，我心中也是五味雜陳，就差沒掉下男兒淚。我心中也跑出了無數的問號和內心話：「難不成，我這個老爹的長相，真就這麼樣讓女兒覺得難以承受嗎？」

　　這時候看著小女兒一把鼻涕一把淚的老婆，也忍不住拉著這個小娃到旁邊去苦心勸說開導。順便「問一下」她，為什麼這麼如此的悲從中來。通常很多事情是不問才好，但是這次經驗真的要感謝我老婆，還好她有問一下。

　　原來小女兒並不是嫌棄我長得其貌不揚、令人髮指，只是她覺得身為一位女孩……不可以像男的！不可以像男的！不可以像男的！

　　歐買尬（Oh My God），呼！還好有問一下、還好有問一下、還好有問一下。

> 原來不是美醜的問題；
> 原來只是性別的關係。

　　還好有問一下，讓小女兒知道，長得像爸爸，不是性別的問題，她仍然是個美麗的小女孩。還好有問一下，讓她老爹知道，小女兒不是嫌棄他老爸的長相，只是誤以為別人把她當成男生。還好有問一下，讓這一番澄清和開導，剎那間解開了老少兩個人的心結。

　　其實這個經驗，對未來我和孩子們的相處有著非常大的啟發。也就是說，當她們的表現或者是結論，與

我的預期有任何不一樣的時候，我不會急著把他們的結論，當成是對立的結論。因為只要多問一下，說不定透過他們的角度和觀點，就會理解為什麼會有這樣的反應和結論。所以，很多時候……

> 不一樣未必唱反調，
> 不一樣只是不一樣。

就算同一個結果，也可能會有不一樣的原因；就算同一個結論，也可能會有不一樣的觀點或角度。那麼，當別人和我有不一樣的結論，肯定也只不過是有著不一樣的觀點和角度，如此而已。

> 有人工作是為了賺錢，有人工作是為了理想；
> 有人看書是為了消遣，有人看書是為了學習；
> 有人運動是為了健康，有人運動是為了比賽；
> 有人喝酒是為了交友；有人喝酒是為了品鑑。

只要多問一下，視野完全不同

一旦你不再執著於結論，而願意多「問一下」，關於他人提出的結論是以什麼角度和觀點為前提。那麼，我們就多了一個學習的機會，多一個去了解他人下結論的邏輯，以及這個邏輯的思考方式。

就像我和我女兒對於「長相相似」這個認知，到底是美醜的邏輯？還是性別的邏輯？就必須多問一下才知道，問了之後才會發現，我們雙方背後的角度和觀點完全不一樣。

還記得，自己曾經讀過另外一則類似的故事。話說有一位母親拿了兩顆大小外觀差異明顯不同的蘋果，讓她幼稚園女兒選擇要吃哪一顆。原來，這位媽媽想看看女兒是不是有「孔融讓梨」的精神和氣度，也就是會把大蘋果讓給母親，然後自己吃另一顆小蘋果。她美美地想，說不定她女兒將來有一天，也能夠像孔融一樣，出人頭地當個女宰相，或者是做個女總統。

沒想到，這位母親把兩顆蘋果遞到女兒手中的時候，可愛的女孩第一反應竟然是兩顆蘋果各咬一口。一瞬間，這個舉動，這個反應，讓這位母親的天地完全崩塌了。

就算沒把大蘋果給老媽，至少也應該留下小的那一

顆吧！怎麼可以如此貪婪無度、如此沒大沒小、如此不知好歹，竟然把兩顆蘋果都占為己有。

就在這位母親還沒有緩過神的時候，她女兒把較小的那顆蘋果送到她的面前。此時這位母親真的徹底絕望了，心中禁不住吶喊：「兩顆蘋果都咬一口也就算了，最後竟然還給我小的那顆？」

這位母親努力做深呼吸，忍住了氣和立刻的責罵，「緩了一下」也「等了一下」，準備好好思考如何矯正這個小妮子的錯誤價值觀和行為的時候……突然間，她就聽到女兒用天真稚嫩的聲音說：「媽媽，這兩顆蘋果我都試過了，小的這一顆比較甜，給妳吃。」

剎那間，這位母親的心情由谷底翻到了雲端，所有陰霾一掃而散。歐買尬，呼！還好有等一下、還好有等一下、還好有等一下。原來是媽媽誤會了。原來女兒選擇的標準，不是蘋果的大小，而是蘋果甜不甜。原來孩子的選擇標準，可能比大人還要更精準。所以，很多的時候……

> 如果沒有成見，
> 就能更多看見。

圖 1-1 先別急著下結論背後的思考邏輯

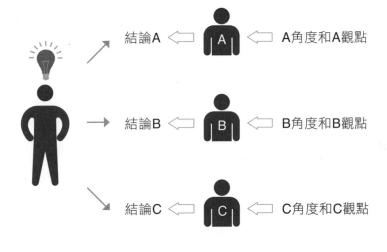

結論A ⟸ Ⓐ ⟸ A角度和A觀點

結論B ⟸ Ⓑ ⟸ B角度和B觀點

結論C ⟸ Ⓒ ⟸ C角度和C觀點

步驟1.
清楚ABC的前提
（角度和觀點是
什麼？）

步驟2.
理解ABC的
思考邏輯（因
為……，所
以？）

步驟3.
增加自己的觀點，
同時接納他人的觀
點（擴展思維與認
知邊界）

你以為你所看見和聽見的結論，你以為你所想像和認為的結論，可能背後都有跟你認知完全不同的角度和觀點。狹隘的成見，往往會讓我們看不見更多的角度和觀點，而且也阻撓了我們思考事情和推演邏輯。

例如：我就跟其他爸媽一樣，很多時候總覺得孩子如果在手機上花太多時間，甚至是拿手機來玩電動玩具，就是玩物喪志。後來，因緣際會試著和女兒參與同一款線上手機遊戲。結果發現，整場遊戲中，不管是資源的調配、團隊的互動、反應的敏捷度，以及針對達成目標的計畫與戰略，整個過程不亞於完成一項小型專案。

再加上遊戲的趣味性，可以讓一堆身處全球各地的線上玩家，針對同一項目標共同努力。如此的交誼和凝聚力，完全不亞於現實世界打籃球、騎自行車，甚至出來郊遊爬山等等的團體活動。所以，很多時候……

> 別讓父母親的狹隘，
> 成為孩子們的阻礙。

同樣地，身處職場環境……

> 別讓領導們的狹隘，
> 成為團隊們的阻礙。

擴張思考力能夠增加人生的各種可能

過於執著於結論，很容易有狹隘的觀點與思維。相對地，如果你願意花時間多理解結論背後的角度跟觀點，就有機會大幅擴張我們的邏輯和思考，也能夠擁有更多的可能性和選擇權。而且多出來的可能性和選擇權，不僅利人更是利己。

有一則故事能夠將這一邏輯概念表達得淋漓盡致。話說有次一節捷運車廂裡坐著幾名乘客，每個人都安安靜靜地做著自己的事，看手機的看手機、讀書的讀書、戴耳機聽音樂的聽音樂。

接著捷運靠站了，一位父親帶著三名孩子走進了車廂。父親悄然逕自地走向角落的位子，獨自坐了下來，全程低著頭，不知道是身體不舒服，還是在思考著事情。而他的三名小孩恰恰相反，一進入車廂就開始吵鬧喧騰，聲音傳遍了整節車廂。一時之間所有乘客面露不耐，甚至有人用厭惡的眼神望向了那三名小孩，同時也不滿也望向了小孩們的父親。

只是那位父親始終低著頭，渾然不覺他的孩子帶給車廂內乘客的困擾。直到一位乘客實在是忍受不了，起身離開座位，走過去輕拍著這位父親的肩膀說：「這位爸爸，能夠麻煩您管管您的孩子嗎？吵成這樣已經打擾到車廂乘客的安寧了。」

　　那位乘客話一說完，這位父親似乎從夢中驚醒一般，趕忙站起來，對著這位乘客說：「真的很抱歉，我沒有注意到我孩子給大家帶來的困擾。我們剛從醫院出來，我太太，也是這群孩子的媽媽剛剛過世。我猜孩子們可能還沒辦法接受這個事實，所以情緒有點激動。真的很抱歉，我立刻叫他們安靜下來。」

　　車廂乘客聽完這位父親的話，立刻靜默了下來，可以感受到所有人的眼神從尖銳轉為柔和，從厭惡變成了慈悲。儘管孩子們沒辦法那麼快靜下來，但是所有乘客似乎回到了原點，回到那個該做什麼就做什麼的狀態，不再把焦點放在這位父親和三名孩子的身上。

　　或許，結論還是一樣的結論；或許，空氣中還是沒有原來的安靜；或許，車廂裡還是有點嘈雜。但是每個人心中的角度跟觀點，隨著理解這位父親和三名孩子的背景，有了翻天覆地的改變。

　　而這個改變的最大關鍵在於，針對同樣的結論有了不同的看法，直接或間接地轉變了所有人的情緒。有一

句話說得好：「影響情緒的，從來不是事物本身，而是我們對待事物的看法。」

> 事物是結論；
> 看法是觀點。

　　不只關注結論，更要延伸觀點，如此才能真正地導引我們認真思考，到底是什麼樣的觀點才會產生當下的結論。

　　試著「停一下」，試著「問一下」，才不會只因為結論，才不會只因為成見，而錯失了擴大自己認知邊界的機會，以及讓自己看見更多可能性與選擇權的機會。這才是思考的價值，這才是邏輯的關鍵。

思維工具

1. 蒐集觀點
每當別人提出一個結論的時候，不管這個結論自己認同或者是不認同，停一下、問一下，看看對方下結論是用什麼

觀點做為前提。如此不僅可以避免彼此因為結論而產生對立，也可以收集更寬泛的觀點和角度假設。

2. 模擬結論

當存在大量的觀點和角度假設的時候，可以自己或者與他人共同推敲看看，是否會得出類似或不同的觀點。進而確認從觀點到結論，是否有直接的邏輯關係。或者，該結論若要成立，還需要更多的觀點來證明。

(課後練習)

1.試著從周遭案例、社會或國際新聞事件找出一件案例來觀察，看看該案例或事件是否因為不同的觀點而導引出不同的結論。試著思考不同的觀點到不同的結論，是透過什麼樣邏輯連結所產生的？

2.試著回想自身的經驗，有沒有因為成見而對一件事情產生錯誤的判斷？就像上文中的那位母親誤判了女兒拿蘋果的情況一樣。如果讓你重新思考當下的情況，你會如何樣修正自己的做法？

從未知到已知

- 要擔心不知道「不知道」
- 要開心知道了「不知道」

　　《僧人心態》的作者傑·謝帝是我非常喜歡的一位心靈導師，也是一位非常著名播客和說故事大師。

　　他曾經當過三年僧人，也就是和尚。在一次演講中他說，如果自己從來沒有接觸過僧人，他不會知道什麼是僧人，更不會有機會去觀察僧人、進而理解僧人，然後做出想要成為僧人的決定。而他成為僧人的那三年經歷，更讓他生命中有了原來不可能有過的體會。

　　他給出了一個非常簡單的結論，那就是「我們不可能成為我們不知道的人」。所有的不知道，都是另外一個知道的開始，也是擴張我們邏輯思維、認知邊界的機會。

圖 2-1 未意識到自己「不知道」的惡性循環

擴展人生維度從「不知道」開始

　　有一次我與幾名好友和一位老大哥聊天，那位老大哥已經是鼎鼎大名的企業家了，他說這輩子自己最樂在其中的，就是各種不同的「第一次」出糗經驗。雖然每個不同的第一次可能伴隨著尷尬、窘態百出、甚至丟臉丟到無以復加、無出其右，但是「一回生，二回熟」，只要跨出第一次，你就從「不知道」變成「知道」了，而人生的經歷和維度也隨之擴大了。

　　說完之後，他就分享剛入社會領到第一份薪水的時

候，想嘗試一下以前沒有嘗試過的美容院洗頭。他說，當他走進高檔美容院說自己要洗頭之後，就自顧自地往洗頭水槽的方向走。沒想到，馬上就被服務的美女洗髮老師拉住，然後要求他坐在位子上就好了。接著，他就嘗試了從不知道的「坐式」洗頭法。

這是他第一次知道，原來除了以前他看過的家庭剪髮、學校剪髮、快速剪髮那種趴著洗頭的方式之外，他可以有不一樣的洗頭選擇。最讓他吃驚的是，洗髮老師技巧純熟，竟然可以讓洗髮精的泡沫在他的髮梢和洗髮老師的手間歡欣跳躍。泡沫既不會沾上他的臉龐、跑入他的眼睛，也不會落在他的衣服或身上。對他來說，這整個體驗和過程，簡直就是一場帶著音符演繹的藝術之旅。

享受完美妙的「坐式」洗髮之後，就聽到洗髮老師請他起身去「沖水」了。他站起來，離開了舒服的座位，逕自走到沖洗頭髮的水槽，不過他馬上疑惑地看向那把舒適的沙發躺椅，這東西看起來可不像以前坐著沖水的板凳。但是，他仍不疑有他，一股腦兒就往長椅「趴」了上去。

然後，那位美女洗髮老師輕輕拍著他肩膀，溫柔地告訴他說：「先生，麻煩您翻過來。」這時候他才知道，原來在美容院洗頭是躺著，而不是趴著。這也是他

第一次知道，原來除了以前的家庭剪髮、學校剪髮、快速剪髮那種趴著沖水方式之外，還有不一樣的選擇、不一樣的沖水型態。

故事說到這裡，我們這群好朋友都已經笑翻了，但是最後的高潮才正要開始……

> 他說，當沖水接近尾聲的時候，他就聽到洗髮老師輕聲地問他說：「請問先生您還有哪裡癢嗎？」
>
> 這個時候躺著的他也有點懵了，心想：「除了洗頭，還有抓癢的服務？」
>
> 結果他就脫口而出：「我的背後有一點點癢。」
>
> 然後，就聽到洗髮老師淡淡地回說：「先生，我是問你的頭皮還有哪裡癢喔？」
>
> 這個時候大哥終於知道，他會錯意了，趕忙修正說：「喔，我頭都不癢了，也沒有其他哪個地方還癢。」

說完當下，他說自己都想找個地洞鑽下去了。而我們聽完也是笑到眼淚都快噴出來。接著，大哥又一派輕鬆地表示，你看！丟臉又有什麼關係？如果沒有這一段經

歷，我又怎麼有機會在這邊和你們分享趣聞，讓你們有這麼一段愉快的時光。而且最重要的關鍵是，以後別人再和我聊美髮院洗髮的事情，我就從不知道變成知道了啊。

那天回去之後，我思索著這個故事，聯想到了《僧人心態》傑‧謝帝的觀念，在筆記本上寫下了兩句話：

> 我們不可能成為我們不知道的人；
> 我們不可能理解我們不知道的事。

換句話說，每個不知道都是知道的開始，每個不知道都可以讓你引以為傲。這也呼應了，我們從小耳熟能詳的一句話：「學然後知不足」。如果想討論我們「不知道」的事情，是不可能有任何邏輯可言。就像「夏蟲不可以語冰，井蛙不可以語海，凡夫不可以語道。」

不斷擴張認知邊界，才能知道更多的「不知道」

曾經聽過一則有趣的故事，一位得道大師對著一群人布道。期間，大師說了一句話，他說：「不要和愚昧無知的人進行不必要的爭論。」沒想到人群之間，突然

有一個人冒出一句話：「我不同意你所說的，沒有什麼是不必要的爭論。」然後，這位大師面露微笑，對這個人頷首點頭，有禮地對他說：「您說的有道理。」

　　雖然這只是一則笑話，但是也提醒我們，談論邏輯的時候，要認真思考我們彼此的「認知」是否都在同一個維度上面。

　　就像我們畫一個圓，如果這個圓的中心空白處面積，是我們「知道」的範圍，那麼圓周就是我們「不知道」的邊界。當圓很小的時候，我們「知道」的範圍也小，至於圓周，也就是「不知道」的邊界也小；但是當圓變大的時候，我們「知道」的範圍變大，而同時圓周的長度，也就是「不知道」的邊界也同時擴大。所以說……

> 學然後知不足，
> 不知道好驕傲。

　　擴大我們知識邊界，讓我們可以持續不斷地探索，有勇氣承認「不知道」，很開心承認「不知道」的重要心態，這是讓所有人邏輯提升的關鍵。

圖 2-2 擴大認知邊界與「不知道」相遇

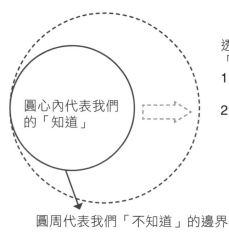

圓心內代表我們的「知道」

圓周代表我們「不知道」的邊界

透過把「不知道」變成「知道」的好處：
1. 擴大不知道的邊界，學習更多的「不知道」。
2. 增加自己的「知道」，不斷擴展我們的學問。

　　如果能夠一直把「不知道」變「知道」，然後再從「知道」轉向追尋「不知道」，就能夠引導出提升思維邏輯的方向。接下來我們就會像那位體驗洗頭的大哥一樣，能夠把出糗的第一次當成像初戀一般的甜蜜。

　　其實，「不知道」到「知道」的過程，不僅是對於未來的「未知」，事實上，對於過去的歷史也是一趟非常值得學習與探索的過程。

　　就像《世界經濟未來在亞洲》（お金の流れで読む日本と世界の未来 世界的投資家は予見する）的作者吉

姆‧羅傑斯（Jim Rogers），還有橋水基金創辦人、《原則》（*Principles: Life and Work*）一書的作者瑞‧達利歐（Ray Dalio），這兩位我非常景仰的投資大師都曾經說過，關於財務決策和分析，歷史的軌跡是非常重要的知識瑰寶。因為當你知道了過去曾經發生過的點點滴滴，就能成為你制定未來目標與決策上的參考與依循方向。

還記得大女兒上小學的時候，有一次過新年大掃除，一不小心翻出了一台陳年的隨身聽，上面的LOGO寫著AIWA（愛華牌，看到這個品牌並且點頭稱是的人，應該和我屬於「同梯」年級的人了）。大女兒擺弄著它，一臉狐疑地問我這是什麼玩意兒？

我很興奮的告訴她說，這是老爸年輕時代專門用來走到哪、聽到哪的機器設備。當我說出這句話，立刻感受到女兒更加懷疑的眼神，因為在她們這一世代，「走到哪、聽到哪的機器設備」不就是手機嗎？

我也沒管這麼多，自顧自帶著興奮的心情，趕忙跑到床底下翻出了塵封已久的錄音帶，那還是一卷《流行45》的音樂合輯。接著我為隨身聽裝上新電池，插上耳機線，輕柔地裝進了錄音帶，「喀嚓」一聲闔上蓋子，再緩緩地按下了PLAY（播放）鍵。

然後就把耳機的一端給女兒聽，而我則戴上另外一隻耳機。這時候看到女兒露出驚訝眼神，問我說：「老

爸，這個機器是怎麼發出音樂的啊？」我不疾不徐地按下STOP（停止）鍵，打開隨身聽的蓋子，指著隨身聽和錄音帶說：「你看這個白白的金屬是磁頭，錄音帶這個黑黑的帶子是磁帶，然後磁帶在轉動的過程當中接觸磁頭，就會把音樂給播放出來了。」

女兒瞪大眼睛，不可置信地從她嘴裡吐出了幾個字：「哇，老爸，高科技耶！」「啥？高科技？」聽完她的回答我也樂了。手機才是高科技啊！但是，她說得也沒錯，年紀這麼小的她，從來沒看過隨身聽的她，也從來不知道手機是怎麼發出音樂的她，其實「高科技」三個字，只不過是對於「不知道」「不理解」事物的驚嘆號！

然而，當她知道了這個「不知道」，理解了隨身聽是歷史過程的一部分。那麼，從隨身聽的錄音帶只能聽十幾首歌曲，到手機可以暢聽全世界的歌曲，她就「知道」什麼是高科技，什麼是科技演化的進步了。

不管是過去、現在還是未來，透過不斷地學習，不斷地擴張我們的認知邊界，才可以知道更多的不知道；也才可以和同樣「知道」的人，站在同一個維度上面思考邏輯，討論邏輯。

思維工具

1. 網路學習

你可以透過網路聽書、看書，或者是從YouTube、Podcast學習新知，透過網路上演算法自動推送新知，持續不斷增加專業領域深度和廣度，系統化提升自己從「不知道」到「知道」的邊界。

2. 人際擴張

每當和新朋友或新夥伴聊天交流的時候，可以有禮貌地請對方分享他喜歡的事物與興趣，或是個人專業與職涯領域，接著認真聆聽，從吸收對方的「知道」來擴大自己的知識邊界，進而知道自己更多都「不知道」。

課後練習

1. 你可以閱讀一本最近在暢銷書排行榜上的新書，而這本新書談論的領域是你從來沒有接觸過的。然後，試著在網路上尋找更多類似主題的資訊，例如：YouTube和Podcast頻道、專家寫的部落格等等，用聆聽、觀賞或閱讀的方式學習，然後觀察後續網絡是否會推送類似的資訊給你，讓你可以繼續深入了解相關知識。

2. 試著找一個人，老朋友、新朋友或是剛認識的人都可以，問問他們的興趣與專業所在，看看是不是會得到很多你以前「不知道」的知識。

第3章
從狹隘到無礙

- 過去不等於未來
- 未來從現在開始

　　記得第一次聽到鐵人三項的時候，我正在半導體產業工作，因緣際會和另外一家公司有合作機會，進而認識了該公司裡的一位處長，那為處長就是鐵人三項愛好者。他告訴我，自己已經參加鐵人三項好多年了，不過他比賽的項目是標準鐵人三項，也就是全程51.5公里（游泳1.5公里、自行車40公里、跑步10公里）。

　　另外還有半超級鐵人113公里（游泳1.9公里、自行車90公里、跑步半馬21公里），以及超級鐵人226公里（游泳3.8公里、自行車180公里、跑步全馬42公里）不同種類的賽事。

　　所以說他特別強調，「標準鐵人51.5公里」相對

「比較簡單」。因此一直熱情的邀請，希望我和他一起共襄盛舉。問題來了，什麼叫做「比較簡單」？

不要說什麼超級鐵人了，光聽到「超」這個字，我只想到「操！」心裡也不由得暗暗暗說了聲「操！」。還說什麼「標準鐵人」比較簡單？

跟誰「比較」？
哪裡「簡單」？

游泳1.5公里、自行車40公里、跑步10公里，這三項的每一項分開來看，都可以把我累得「服服貼貼」。所以，我吃了秤砣「鐵」了心，毫不猶豫地告訴這位處長說，咱們可以成為「老鐵」、「鐵子」、「鐵哥兒們」，但是「三鐵」這玩意兒，還是免了吧。

尤其當時已經32歲的我，還特別跟他強調這種「18歲」年輕人玩的遊戲，太傷筋動骨了，我們這種中年男子……配、不、上。換句話說，三鐵運動完全不符合我對年齡匹配的「認知邏輯」。

說實話，當拒絕參加、把邀請推到門外之後，我還不斷自我暗示：「都這把年紀了，還搞什麼門不當、戶不對的運動？拉拉筋、彎彎腰、走走路、睡睡覺不是很

好嗎？」一下子心情上突然輕鬆好多，可是似乎又有點小虛空……

> 不過，該來的總是會來，
> 人生，就是這麼的奇妙。

保持成長心態，
讓自己前行的方向一路無礙

　　隨著時間的推移，當你遇到不同的人、事、物，所有的「認知邏輯」有機會被迭代，或者是被突破。就像我拒絕三鐵，而且漸漸淡忘這件事一樣……

　　從派駐中國淡馬錫回台工作的第三年，也就是2015年，我認識了人生中非常重要的一位貴人，也是我生命中一位大天使。那一年我46歲，而這位大天使大哥已經60多歲了，因緣際會我們在一場音樂會上相遇。

　　音樂會結束之後，我們聚在一起相談甚歡，他順勢邀請我去他創業的旅店集團聚一聚、聊一聊，繼續促膝長談。後來我才知道，原來他是擁有11家旅店的大老闆。儘管事業做這麼大，但是言談舉止低調、謙沖，我對他的尊敬之情也因此油然而生，如滔滔江水綿延不絕。

然後，在交流的過程中，他一直告訴我，他人生之所以成功，關鍵在於「願意」兩個字。因為「願意」，很多原以為做不到的事情，到頭來你會發現，其實只是自己「認為」做不到，只是在自己的「邏輯」裡面認為非你能力所及。

但是透過「願意」，你會從「看待問題」，變成「尋找方法」；你會突破邏輯的框架，有機會認識不一樣的自己。

這種從「狹隘」到「無礙」的思維，讓我回想到卡蘿・杜維克（Carol S. Dweck）的著作《心態致勝》（*Mindset*）。只要有了「定型心態」，就會讓自己的進步陷入狹隘，但是如果有了「成長心態」，就會讓自己前行的方向一路無礙。所以，聽完這位天使大哥所說的「願意」兩個字之後，我實在太認同這個價值觀了，不自覺地拼命點頭如搗蒜。

接著，他就繼續不停分享除了事業之外，自己如何一步一步注重健康。從運動開始，透過騎車、跑步、游泳，甚至是在他60歲那一年完成了鐵人三項，而這一切的一切，都是「願意」的結果。

他特別強調，一個人只要願意，就有機會做到你原來想不到的事情。如果用常人的邏輯去思考，反而是個限制。突破限制，突破邏輯，只要去做，就對了。

聽到這裡，我整個人是激情澎湃，點頭如撞鐘。然後就聽到他說，你「願不願意」下個禮拜來跟我一起騎車？

果然，成功的企業家，一定都是超級厲害的銷售高手，在他持續不斷挑動我情緒、在點頭慣性還沒有辦法停下來的過程之中，問了我「願不願意」的問題，然後我就自然而然地點頭「願意」了。接著他還補了兩句話：

> 不做，會想一輩子；
> 做了，會講一輩子。

就是這樣，我從騎腳踏車登山，到開始練習長跑，然後練習游泳，過程當中別人一個一個接著不斷地推坑，我也是一個一個持續的願意，讓我逐漸從自認為32歲配不上標準鐵人的思維，轉變成48歲那一年完成了半超級鐵人113公里，然後在49歲、也就是50歲前夕，完成了超級鐵人226公里。

原以為「年紀」太大是參加鐵人三項的檻，但是當這個認知邏輯被一個比你年紀更大的人打破之後，腦子中的「自認為」就不會有罣礙了。

後來這位大哥還問我，有沒有聽過「老吾老，以及

人之老？」我說，當然有聽過啊！他說，這句文言文正確的翻譯應該是「老不老，管他有多老」。換句話說，正因為他不把年紀當成問題，才能夠完成別人認為不可能完成的任務。

雖然知道這是一句玩笑話，但是聽完之後認真想想，也是有幾分道理。從「我只能這樣」，到「我不只這樣」，就是一個打破對年紀思考框架和邏輯認定的成見。

想成長，
必須不斷打破自我成見與慣例

另外一個讓我有深刻體會的類似經驗，就是使用「打破慣性工具」的思維。尤其是在成為一名作家之後，我最樂於和別人分享的一個心得，就是我書寫的方式不同於一般人用「打字」或者是「手寫」，而是用「語音」輸入來撰寫所有文章。事實上，故事的開端源自於我錄製的兩堂財務線上課程，出版社在聽了我的課程之後，有意邀請我把音檔變成文字版的書籍出版。

後來，雖然幫我錄製線上課程的公司協助我把所有的語音轉成文字，但是由於文字太過口語，還有各種不一而足的語助詞、口頭禪，讓這些文字實在沒有辦法直接轉成書籍內容使用。因此，我決定開始重新撰寫。

還記得我信心滿滿地找了一間氣氛很好的咖啡廳，打開文件看著線上課程轉成的文字檔，準備開始動筆一展身手的時候，才發現我好久沒有打字了，在將近3、4個小時裡，我竟然才打了幾百個字，而且身心俱疲，備感無奈。

在心情有點沮喪又稍事休息的時候，我突然心血來潮打開了手機的備忘錄，然後用語音輸入的方式，試著撰寫心目中想要輸出的內容。沒有想到，雖然不是每個字都正確，但至少立刻有了八、九成以上的精準度，完美地呈現我嘴巴唸出的文字。

不但如此，執行的過程當中也讓我意識到，我平常說話的時候會有的兩個小毛病，又或者是小缺點：

第一個是我說話太快。只要說話一快，語音辨識的精準度就會大幅下降，而為了提升準確度，我不自覺地開始練習放慢說話的速度。第二個就是說話常會連在一塊兒。譬如說，我們常常講的「這樣子」，連在一塊就會變成「醬子」，我們常常講的「那樣子」，連在一塊就會變成「釀子」。

所以，為了讓每個字都能夠清清楚楚，我在語音輸入時會特別注意，讓自己每一個咬字都字字清晰。這也為我日後擔任主持工作、製作Podcast，以及持續不斷的線上課程、語音課程打下了非常好的基礎。

更重要的關鍵是，原來可能3、4個小時都沒辦法產出幾百個字的「打字輸入」法，後來透過「語音」方式，我竟然能夠在2、3個小時之內，完成3,000到4,000字的文章。

記得在2022年中疫情爆發的時刻，一方面待在家裡有充分時間，二方面因為「語音」撰寫的效率非常高，所以在短短的兩個月之內，我就創作了兩本書籍。這種速度不僅出版社覺得不可思議，就連我自己也體會到，人生非常重要的邏輯認知就是「只有想不到，沒有做不到。」

就如同鐵人三項，不一定是只有年輕人參與的活動。也就是說「年紀」不應該成為鐵人三項的阻礙。就如同撰寫文章或書籍，不是只有寫字或打字的方式才能夠完成，「工具」不應該成為達到任何目的的阻礙。換句話說，在個人成長或人生「邏輯認知」的建立過程當中，最大的阻礙常常來自於過去的經歷和慣性。

不管是別人告訴自己的，又或者是自己生活當中自然養成的習慣，常常變成潛意識困住自己的思維邏輯，進而不自覺地告訴自己「沒辦法」「不可能」「算了吧」，最終成了人生沒有辦法進步的絆腳石。

所以，請把「只要思想不滑坡，辦法總比問題多。」這兩句話放在心裡，就可以讓自己的邏輯從狹隘

變成無礙。畢竟⋯⋯

> 過去，並不等於未來；
> 未來，從現在才開始。

思維工具

1. 逆向思考

每當別人告訴你：「你這樣不可以！」的時候，你就換個不同的問句：「我怎麼樣才可以？」換句話說，把「否定句」變成「疑問句」，如此一來，就可以突破「否定」的局限與狹隘邏輯，成為「解決方案」的開放性思維邏輯。

2. 變換方式

不管你是否已經習慣使用任何的工具，又或者是別人告訴你的處事方式。試著給自己額外提供兩到三種不同的方法。姑且不論其他的方法到底是不是好方法，試著去嘗試一下，讓自己感受不同的方式帶給自己跳脫邏輯框架的體驗。

1. 找一個自己一直想做，但是自己或別人告訴你做不到的事情。例如：減肥、跑馬拉松、戒菸等等，然後試著羅列一個「如何做到」的清單，從最簡單的開始，試著完成清單上的所有任務。

2. 挑選一個自己習慣的活動，或者是興趣。例如：自己喜歡畫油畫，又或者是在健身房鍛鍊。然後，刻意尋找一個不一樣的方式或方法來執行原來的活動或興趣。譬如說，從畫油畫變成粉筆畫，又或者走出健身房到戶外去爬山。感受一下這種跳脫習慣領域的體驗，是否讓自己在活動的選擇上面有更大的彈性。

第4章
從聽過到記住

- 記住才會拿來用
- 拿來用才會有用

不管是在生活上面或是職場工作中,我們碰到周遭的朋友或者同事的時候,彼此之間經常有以下的提問:

「最近打算休假,和家人一起出去旅行,有沒有推薦的景點?」

「下個禮拜要出差了,在出差的城市你有沒有推薦的旅店?」

「今天晚上要和朋友聚會,有沒有推薦的餐廳?」

「我想要多幾間供應商,你有沒有值得信賴的合作伙伴可以推薦?」

「最近公司要擴張，需要招聘一批儲備幹部，

你有沒有好的人才可以幫忙推薦？」

　　不管朋友或者是同事最後列出來的推薦清單是什麼，我想在聊天或交流的過程當中，彼此都會分享推薦的理由，也就是推薦的邏輯到底是什麼。但是其中有一個非常關鍵的理由或邏輯，卻不太常發生在談話當中。

　　那就是，這些提出推薦清單的人，提出的人、事、物都是他們腦袋裡能夠「記得住」的東西。說起來很簡單，卻是很多人最常忽略的一環，仔細想想，談話的過程當中，如果記不住的東西，又怎麼會成為邏輯思考的內容呢？

記得住才是自己的，
也才能運用邏輯推理

　　我有一位非常專業的品酒師朋友，熱中和我們分享品酒經驗。每當我們問他某款紅酒或者是白酒好不好喝的時候，他常常會在談話過程當中加入「這款酒我曾經喝過………」類似這樣的字句。

　　後來交往時間一久我才知道，其實品酒師最大的品

酒邏輯，是仰賴自己曾經喝過、品過，更重要的是，必須把所有品酒過程當中的嗅覺、味覺、色覺的經歷全部記錄下來，如此一來，才會成為他未來品酒分析和比較的邏輯標準。

聽起來很簡單、很清楚，但是以邏輯思考的概念來說，卻是非常的深刻。因為沒有喝過的酒，就相當於之前我們所說的「不知道」。對於「不知道」的事情，是沒有辦法推論出任何邏輯的。這也是為什麼，所有的品酒師極度地在乎和珍惜品嚐珍貴酒款的機會。

尤其是那種不是標準化量產的各種不同年份、不同產地的酒，隨著時間的經過，只會慢慢減少，喝一瓶少一瓶。也正因如此，把握每一次品酒機會就變得格外的更加關鍵。

再者，「記憶」這件事情更是品酒師需要刻意練習的部分。不管是酒的色、香、味，又或者是瓶子的外觀、酒的產地、年份，甚至酒莊、酒莊的主人，以及相關的所有歷史故事、不同國家的背景淵源，全都可以成為記憶的重點。

而這些所有記憶彙整的結果，就成為品酒師持續不斷累積的知識儲備，也成了品酒過程當中，他可以信手拈來與推薦交流的主要邏輯了。所以說……

> 記得住，才有邏輯可言；
> 記不住，哪來邏輯可述。

　　曾經有一位銷售高手也跟我分享類似的觀念。那位業務大哥說，很多業務員在介紹商品的時候，都喜歡口若懸河介紹一大堆琳瑯滿目的功能，以及讓人目眩神馳的優點。從業務員的思考邏輯來看，他們當然希望讓客戶知道商品的優點愈多愈好，如此一來，才能顯現出自家產品有多麼的優秀、多麼的獨特。但是，就是因為「琳瑯滿目」，就是因為「目眩神馳」，所以很容易讓客戶聽過之後記不住！記不住！記不住！

圖 4-1 多不如少，大腦才記得住

【酒的色香味】【酒瓶外觀】
【酒的產地】【酒的年份】
【酒莊主人】【產地特色】
【國家歷史】……

（全部塞入大腦難記）

只講重點：【排名】
【三大特色】【主要功能】
【設計口訣】

（過濾、分類資訊好記）

就像我問別人碳酸飲料品牌的第一名是誰？大家會說可口可樂。然後第二名會說百事可樂，接著第三名就開始進入春秋戰國時代，每個人說的都不一樣了。如果改問速食店的品牌第一名是誰？大家可能會說麥當勞，然後第二名也許是肯德基，再來第三名又可能進入群雄割據大亂鬥的局面了。

所以說，連大品牌想占據我們的記憶都如此困難，如果我們不能在推銷產品過程當中，盡量讓消費者或客戶記住，又怎麼能夠成為他們選擇的邏輯。因此，「與其多，不如少」。

> 記不住，沒有機會選擇；
> 記得住，才有機會選擇。

這就是為什麼我和團隊在做《郝聲音》Podcast的時候，我們都告訴周遭朋友們，我們的主要內容是從「音樂」開始的，而且我們所在的類別是「表演藝術類」。

很多朋友訂閱我們頻道，並且認真聆聽之後，往往會很驚訝地告訴我們說：「郝哥，你們製作的內容不只是音樂而已呀！事實上，各種不同的知識含量包羅萬象。而且就連音樂相關的藝術類別，也包含各種不同型

態，例如：舞蹈、畫畫等等。」

　　然後，我就會很開心地告訴他們說，「對啊，只告訴大家是『音樂』類別，是因為比較好記嘛！」既然所有的內容這麼樣的上天下地，通古道今，我也總不能告訴大家，我們的《郝聲音》Podcast，主要的內容叫「什麼都做」吧！回到剛剛的總結，正是因為「什麼都做」，大家就會「什麼都記不住」，我們也就沒有辦法成為別人心目中的選擇邏輯。

　　有兩個字叫「口碑」，我聽過最傳神的定義，就是「用一句話讓消費者說出你的好」。既然口碑是要口耳相傳，那麼必須是好事而不是壞事，而且資訊量不能太多，為了讓大家記得住，所以這一句話就成了「與其多，不如少」的最佳體現。因為如果大家都記不住，又怎麼能夠幫你口耳相傳，成為大家心目中有口碑的選擇。

記不住就無法比較，無法推演邏輯

　　相信很多人都認為，當今是科技時代，不用花費力氣去記太多事情，因為只要你有需要，查找谷歌大神不就得了，手機是取代記憶最佳的良伴。接著，我就碰上了一次難忘的體驗。有個朋友想要查找資料，然後就問

我說：「有個跟虛擬貨幣很類似的概念，就是什麼N字開頭的名詞，我想要了解一下那到底是個什麼東西，但是現在想查卻記不起來，你能告訴我一下嗎？」當我告訴他說是不是NFT（Non-Fungible Token，非同質化代幣）的時候，他不只開心地向我道謝，還說他下回一定要記住。

話說他又該怎麼記住呢？因為在我的腦袋當中，從來沒有背誦過NFT這三個英文字，我們怎麼能夠有著相同的對話邏輯？

記得在台積電工作的時候，工廠裡面常常會把PDCA四個字掛在嘴巴上；也就是計畫（Plan）、執行（Do）、分析（Check）、建議（Action），看起來非常簡單的四個過程，卻是非常大道至簡、極具邏輯的管理工具。而且我們老闆常常會抽考，在沒有任何文件檔案或資料的情況之下，要我們用口頭的方式練習陳述PDCA的模擬循環和工具內涵。

最剛開始的時候，老闆的抽考常常是走到你座位旁邊，突然問起這項專案的計畫是什麼？執行情況如何？做了哪些分析？有什麼建議？在腦子一片空白的情況之下，PDCA的邏輯循環根本答不出來，所以通常是弱弱地回答：「老闆等一下，我翻找檔案資料之後，再向您報告。」接著，就是被活力十足的炮火盯了滿頭包。

所謂「一回生，兩回熟。」知道老闆常會不定時盤

查之後，所有相關的資料，自然而然就不再只是看過、聽過，還要把它背起來、記在心裡。久而久之老闆再抽查的時候，回答模式就變成：

> 「這項專案原來預計（Plan）把流程從10天縮短成3天。經過這兩個月的執行（Do）之後，我們透過分析（Check）已經確認可以把原來的流程裡18個作業，減少變成8個作業，而流程時間可以從10天縮短成4天。雖然沒有辦法達到原來計畫目標的3天，但是改善效果也非常顯著。所以我們建議（Action）先施行改善流程，從下個月開始實行新標準作業流程SOP（Standard of Procedure）。」

看完上面的陳述，是不是感覺既專業又有邏輯。然而，從需要查找報告，到可以自在地侃侃而談，有一個非常重要的基本功，就是必須把所有相關的資訊給「背下來、記起來」。什麼叫邏輯？

> ## 記不住沒有邏輯；
> ## 記得住才有邏輯。

記住才會拿來用，
拿來用才會有用。

思維工具

1. 心智圖法

不論聽過、看過，或者是讀過、學過任何相關的資訊，可以透過「心智圖法」（Mind Mapping），利用「回想」的方式回溯記憶。雖然回想的過程可能會有點痛苦，但是透過心智圖法來回溯記憶，能夠強化我們對資訊的記憶。

2. 教學相長

透過心智圖法的整理之後，可以藉由各種不同的機會，分享或者是講述給他人聽。每一次的分享和講述，都會一次次地強化知識點的記憶，甚至連帶著把個人的經驗以及新的知識串聯在一起，如此一來可以進一步透過知識的連結讓記憶更加深刻，同時加深記憶點和其他相關知識的邏輯。

課後練習

1. 找一本書或者是一堂線上課，甚至是一部電影或一齣戲劇，在上完課或者是欣賞完影視劇之後，試著利用心智圖法回想並且寫下自己記住哪些要點。如果覺得紀錄不夠完整，可以

重新翻閱或者是觀看，重複兩到三次，看看自己是不是能夠記得更多，記得更牢。

2. 完成上面的練習之後，找家人或朋友，試著用口頭分享的方式，向他們陳述你記憶中的要點。不用在乎是不是條列式的報告，就像心智圖一樣，想到什麼說什麼。然後，慢慢地多練習幾次。每次說完之後，可以反過來請聽眾分享他們聽到了些什麼重點。

第 **2** 篇

原理：
大腦運作

原理，是一種運作基礎；
原理，是一種底層邏輯。

了解運作基礎和底層邏輯，就可以順勢而為，
而不用費力逆勢操作；不單單只是知己知彼，
更為了事半功倍。

理解原理，把事情做好，叫做效能。
根據原理，把事情做快，叫做效率。

第**5**章

因果關係：反饋

- 從來沒有絕對的對錯
- 只有不同邏輯的因果

因果 關係		歸類 分組		關聯 思考
反饋		**記憶**		**連結**

　　常常聽人說，「菩薩畏因，眾生畏果」，也就是說，一般人很怕結果不好，而有智慧的人才知道，種下了什麼因才會得到什麼樣的果。因此出現了「鼓勵大家不僅要在乎結果，更要在乎原因」的邏輯思維。既然「因果」互相關聯，在過往的個人經驗裡，有更多時候

反而是看不到、不清楚或不知道「因果」的關聯，而更讓人有「畏」的感覺。

因果的反饋是
修正思考邏輯的好工具

例如：我們使用家中遙控器打開電視的時候，通常電視螢幕不會這麼快出現畫面。我們會透過電視下面的紅／綠光源點來判斷，當你按下電視的開關，光源會立刻變色，從紅色變成綠色（有些機種可能是藍色）。

這個設計非常貼心，因為設計師知道從按下遙控器開關到畫面出現有一段時間，但是紅點立刻變色可以馬上得到我們想知道的結果。按下按鍵的動作是「因」，然後我們透過光源變色確知這個「果」，我們可以很安心地確認自己是否已經得到反饋，也就是我們的動作是否收到成效。

相對地，如果按下按鍵而紅點卻沒有變色。正常人不是用力地多按幾次，要不就會嘗試更換電池，如果連換新電池都沒有用，我們可能會買新的遙控器，甚至開始懷疑，有沒有可能是電視也出了問題。換句話說，電視螢幕沒有畫面，這個我們沒有預期到的現象，會導致

我們持續不斷地測試，想理解到底是什麼原因造成這樣的結果。

另外一個常常發生在我們生活周遭的案例，是社群軟體的「已讀不回」。因為在我們的假設中，發出訊息給對方，基本的邏輯是要得到對方的回應，屬於期望中的結果。「已讀不回」如同按下遙控器卻沒有產生電視畫面一樣，得到了一個未預期的結果。

這種情況令人焦慮的原因在於，我們不知道他出於什麼理由不回覆：對方看到了只是有事沒辦法回覆？一時忘了要回覆？是在思考要怎麼回覆？不知道如何回覆？根本不想要回覆？還是，根本就不是本人看到訊息，以致於需要等到當事人看到才能夠回覆？

所有的猜想都只是猜想，最重要的關鍵還是在於不確定的結果。在不知原因為何的情況之下，不符合有因果關係的邏輯狀態，會讓大腦產生焦慮的感覺。所以說……

> 我們除了擔心不好的因或不好的果，
> 我們也會擔心未知的因或未知的果。

因果關係是一種反饋，有反饋才知道怎麼應對、怎

麼修正，這是大腦運作其中一個非常關鍵的基本邏輯。

> 有因就會有果；
> 有果也會有因。

換句話說，「因果」是邏輯的需求。

> 沒有因果關係，
> 感受不到邏輯。

> 因果不只對錯，
> 也是一種反饋。

所以我們常常會在電視、網路，或者是各種不同的傳播媒體上面，看到聽到：

> 名嘴有各種不同的解釋；
> 股票有各種不同的分析；
> 政府有各種不同的說法。

先不管到底自己同意或不同意，但是至少這些解釋、分析和說法符合大腦裡針對因果關係的邏輯需求。

> 如果你同意了他們觀點，
> 這是一種反饋；
> 如果你反對了他們觀點，
> 這是一種反饋。

所有各種不同的解釋、分析和說法是為了讓人得到反饋，讓人感到安心。

> 不只關注結論而已，
> 更要關注推論過程。

換句話說，理解什麼樣的角度和觀點會形成這樣的因果關係，進而讓這樣的反饋可以變成我們未來修正的機會。就像在新冠疫情持續不斷蔓延的期間，所有人與人之間的經濟活動都被限制，造成了非常負面的影響。

餐廳沒有辦法去吃飯，百貨公司沒有辦法去逛街，大眾運輸系統沒有辦法隨便搭乘，這種情況之下，你會看到非常多的報章媒體提出嚴重警告，陳述「疫情嚴重

影響經濟，造成了百業蕭條。」

當你看到這樣的結論，可以理解為「疫情嚴重影響經濟」是一個不爭的事實。但是「百業蕭條」的陳述卻不能夠一概而論。就像疫情之下崛起的線上會議或教學系統，如雨後春筍般滿地開花。很多實體經濟也效仿線上經營模式，紛紛把線下的交易活動轉移到線上試行。

也就是說，這般轉變以字面文字來描述，可能會是「疫情嚴重影響實體經濟，造成線下交易活動停擺，卻加速促進從線下到線上經濟移動的速度。」這也是為什麼我特別強調，所謂的「因果關係」並不是執著在對錯的邏輯。其真正的關鍵在於，透過因果關係得到「反饋」之後，如果跟我們的認知邏輯有所不同，我們就有了「修正」的機會。

還有另一個非常明顯的例子，就是只要聽到「通貨膨脹」大家都會非常焦慮。每當聽到這四個字的時候，一般人馬上聯想到萬物齊漲，所有東西都會變貴，自己的財富縮水了，很可能成為變窮的主要「原因」。

而這個「原因」正是導致很多人產生焦慮的「結果」。有一次我上電台分享並且分析，民眾應該如何面對和處理通貨膨脹，我從兩個角度和主持人分享。

第一個是關於大家擔憂通貨膨脹的導火線，首推「萬物皆漲」這種說法了。對於消費者而言，如果他

的消費習慣能夠有所選擇，那麼只要他買的東西沒有變貴，甚至更加便宜，那麼萬物皆漲對他就沒有影響了。

舉例來說，如果我們買菜習慣在超級市場或者是大賣場，那麼當通貨膨脹來臨、價格上漲的時候，你肯定會從超級市場或大賣場的標籤價格上明顯地感受到差異。不過如果你可以換一個選擇，試著去逛逛傳統市場，儘管傳統市場的價錢也同步上漲，但是相較於你平常去消費的超級市場或大賣場，價錢可能相對實惠多了。

所以就算是通貨膨脹，如果選擇不同的採購方式，讓自己購買同樣商品可以有更經濟實惠的價格，那麼通貨膨脹就不會成為財富下降這個「結果」的「原因」，而你也不會因此焦慮不安。換句話說，通貨膨脹帶來財富縮水以及心情焦慮的因果關係，可以藉由不同的選擇而有不同的變化。

另外一個角度在於，什麼都漲只有自己的薪水沒有漲，或是自己的資產沒有漲，才會認為自己的財富縮水，進而產生焦慮。但是如果藉著這個機會，重新審視自己的存款或者是投資，是不是也跟著通貨膨脹，在投資收入或者是利息進帳上也有顯著的增加。

像是做生意的群體有可能因為通貨膨脹而帶來收入增加的好處。而工薪階級說不定可以藉由這個機會，開啟自己的斜槓人生，趁著通貨膨脹來創業為自己開拓更

圖 5-1 利用因果的反饋來修正未來

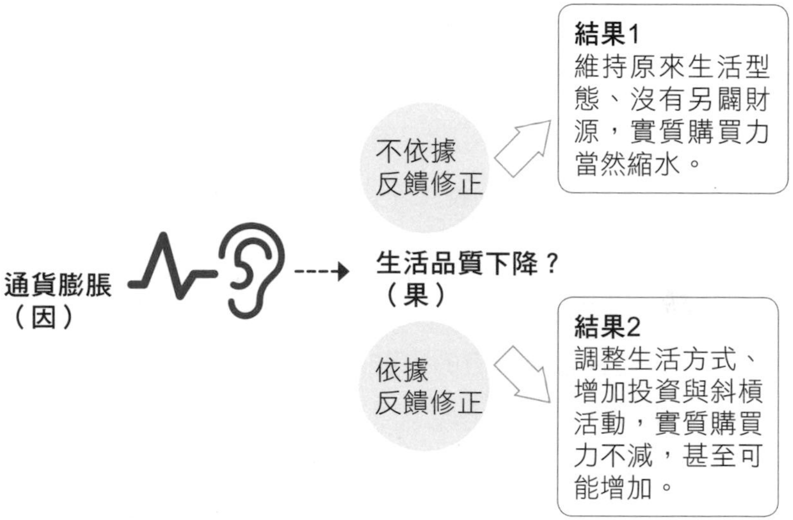

結果1
維持原來生活型
態、沒有另闢財
源，實質購買力
當然縮水。

不依據
反饋修正

通貨膨脹
（因）

生活品質下降？
（果）

依據
反饋修正

結果2
調整生活方式、
增加投資與斜槓
活動，實質購買
力不減，甚至可
能增加。

多的收入來源。

　　透過這些觀點思考，通貨膨脹不僅不會帶來財富縮
水的焦慮，甚至可能成為重新盤點自己的資產和賺錢方
式，開拓不一樣生財管道，創造另外一種跳脫原有想法
的理財邏輯。

反饋的目的在於擴張思維邊界

　　其實生活當中或者是職場上，有很多乍聽之下很有
道理的因果邏輯，其真正背後的原理，很多都是大腦的

直接反饋而已。所以對於大腦的反饋，真正需要我們關注的，是導致其因果關係的觀點和角度。

如果能夠多花一點時間，理解每個因果關係背後的觀點和角度，我們就可以透過不同的反饋和修正，擴張自己認知邊界，有機會提供全然不同的思維邏輯。

就像我一開始運動的時候，以為只要有運動這個「原因」的存在，就能夠得到體重下降這個減肥「結果」。但是在經歷多方的實驗之後，才知道這個因果關係不一定成立！不一定成立！不一定成立！尤其是當你進食或是補給的熱量，遠遠高於運動所消耗熱量的時候，體重不僅不會下降，還會無情地給你攀升。

記得有一次和好朋友約騎陽明山系有名的「如來神掌」路線，騎乘距離將近140公里，整體爬升將近3,200公尺。回到家裡看紀錄器，App顯示我消耗了將近5,000多卡路里，內心信心滿滿地相信自己一定會消瘦一圈。

沒想到第二天一大早起來往體重計上面一站，哇哩咧！體重不降反升。一直以為是體重計壞掉了，結果和車友相互討論和詳細計算之後發現，原來前一天我狠狠地補給超過8,000卡路里的食物。

從那一刻起我才知道，運動這個「因」不一定會帶來減肥這個「果」。真正關鍵「原因」在於熱量進食和熱量消耗的差別，才會帶來體重增加或減少的這個

「果」。

　這個經驗也讓我重新理解，因果關係最重要的是提供反饋，而反饋的目的在於給我們持續不斷修正的機會，也讓我們能夠擁有更多擴張邊界的思維。

原理工具

1. 批判思維

每當了解因果關係的狀態之後，可以再試著使用發散性思考（divergent thinking），看看（1）同樣的結論，有沒有可能存在其他可能的原因；（2）同樣的原因，有沒有可能推導出不同的結論。就像之前文章所說的通貨膨脹，不一定會造成財富縮水或焦慮的結果；而財富縮水或焦慮的結果，也不一定全部源自於通貨膨脹的影響。

2. 追根究底

多問「為什麼」可以理解因果關係背後的觀點和角度到底是什麼。有一個簡單的工具叫做「五個為什麼」（5 Why），每次看到一個結果的時候，就連續深究地問五次 Why，從而更深入地知道背後可能的原因為何。

當然，問五次只是一個概念，多問或少問幾次都可以。重點只是要我們能夠追根究底，了解除了結論之外，真正背後有哪些影響的觀點和角度，才是我們更重要的學習機會。

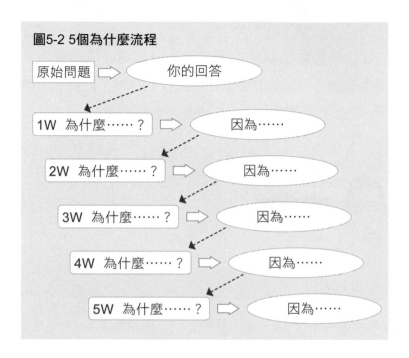

圖5-2 5個為什麼流程

原始問題 ⇨ 你的回答

1W 為什麼……? ⇨ 因為……

2W 為什麼……? ⇨ 因為……

3W 為什麼……? ⇨ 因為……

4W 為什麼……? ⇨ 因為……

5W 為什麼……? ⇨ 因為……

課後練習

1.試著以自己的生活或工作為例,推論現在到未來的「因果關係」,就是以目前你的飲食模式或是工作性質,五年之後的健康狀態,又或者是財富累積可能達到什麼樣的結果?

2.試著設定未來一年內想要達到的目標「結果」,然後思考一下為了達到這個目標,未來一年之內自己需要做到哪些事情,也就是要有什麼樣的「原因」,才能夠讓自己心想事成地達標?

第**6**章

歸類分組：記憶

- 散亂是自然結果的存在
- 歸類是人為主觀的設計

因果關係	◆	歸類分組	◆	關聯思考
反饋		記憶		連結

　　離我家不遠的地方，大概走路3、5分鐘就有一家中型的生鮮超市。所以平時家裡不會囤太多食物，有需要的時候再去買就行了。也因為如此，老婆常常一不小心就把我當成外送平台，想到什麼就直接要我去買，24小時不打烊。

「麻煩幫我去買一瓶牛奶～」

你以為這樣子就結束了嗎？接下來，從出門到漫步去生鮮超市的一路上，接連不斷的需求從通訊軟件、語音通報，甚至直接打電話下單，如同即時新聞一般接連不斷推送給我。

「除了牛奶之外，再幫我買一下優格、起司、
優酪乳。」
「如果可以的話，還要香蕉、芭樂、蘋果，明
天要拿來打早餐的營養果汁。」
「因為晚上會有客人來，再買一些啤酒、可樂
和紅茶好了。」
「那就先這樣。」

那就先這樣？光是這樣一共就有10項物品，非得要人用筆記錄下來，才不會丟三落四地回家。

大腦喜歡有邏輯系統地記憶資訊

久而久之我就想訓練一下自己的記憶，利用歸類分

組的方式把前面的10項物品分成了三大類：

- 奶製品：牛奶、優格、起司、優酪乳。
- 水果類：香蕉、芭樂、蘋果。
- 飲料類：啤酒、可樂、紅茶。

幾次驗證下來我發現，就算不用筆記，大腦也可以輕輕鬆鬆把上面10項物品，一個不漏地給記下來。根據美國心理學家米勒（George Armitage Miller）在1956年所做的實驗發現，不管記住什麼東西，人類的記憶最多能夠記得7項左右。記得少一點的人可能一次記住5項，比較厲害一點的人可以記到9項之多。這就是有名的〈神奇的數字：7±2〉（*The Magical Number Seven, Plus or Minus Two*）理論。

換句話說，當我們一次聽到過多資訊，這時候大腦就承受不了，也記不住了，當然就沒有邏輯可言了。不過神奇的是，上面記憶的「數目」並非指單一的數字、物品或者是字母，一個組別也可以當做一個數目，這也是為什麼我把原來看起來不容易記憶的10項物品，有邏輯地分類成三個組別之後，就可以很輕鬆地記在腦袋裡面。

記住電話號碼的方式也是一樣。如果你把每一個數字分開來看，一個電話號碼就是10個數字：

09xxxxxxxx，當然不好記，但是如果能把號碼分成三個小節一組，也就是從10個數字變成三組數字：09xx-xxx-xxx，就比較容易記下來。

運用三數法則來歸類分組增強記憶

知名的TED演講也有類似的「三數法則」，很多人都知道18分鐘的TED演講，就是希望人們能夠短時間集中注意力在演說內容上，吸收到具有價值的知識點，進而能夠記住，成為自己日後所用。

而「三數法則」就是經由經驗累積，發現一般人能夠輕鬆記得的資訊差不多就是3項左右，比前面米勒所提出來的7項更少。所以TED演講建議在擬定演說大綱的時候，重點盡量不要超過3項，然後再由這3大項往下細分。同樣地，在每一項細分出來的要點也不要超過3項，如此一來，聽眾能夠在短時間之內記住比較多的資訊。

後來在一次直播分享的演講裡，我把「三數法則」的大腦運作原理，運用在財務思維的「提升身價」概念裡面。我還記得那是在一天清晨騎車上陽明山往風櫃嘴的路上，我開始思考「提升身價」的意義。

案例：利用歸類分組擬出演講大綱

定義「身價」主題

　　首先是「身價」這兩個字，我把它定義為要跟得上我們這副「身體」走才會具有「價值」。所以為了把「身體」區分成三個構面，我就在心裡面訂下了「身體內在」、「身體外顯」、「身體遠距」這三個層次。然後在腦袋裡面進一步想像：

> 把身體內在，取名為「思維」的價值；
> 把身體外顯，取名為「行為」的價值；
> 把身體遠距，取名為「連結」的價值。

　　其實，當初整個思考過程並非一步到位、邏輯清晰，我只是覺得每個人的價值，如果只有自己看得到的，那應該屬於「內在」的價值。然後如果是別人看得到的價值，那就是屬於「外顯」的價值。還有另外一種，就是雖然沒有人看到你，但是因為有你的存在而願意認可你的價值，我把這定義成「遠距」的價值。至於最後把它命名為「思維」、「行為」和「連結」的價值，那只是思考之後歸類分組的結果。

定義「提升」主題

　　既然「身價」的分類有了，那麼要怎麼「提升」就變得相對簡單多了。由於當天的演講屬於財務思維，所以直觀上就財務兩個字來看，如果只談錢，那麼「存錢」就會累積財富，而「花錢」就會減少財富。

　　所以我就選擇了「存」這個字，當成「提升」三個不同身價的「動詞」。首先要提升「思維」價值，我腦海裡就聯想到「存知識」三個字。畢竟所有的知識都是用來解決問題，所以知識愈多，思維價值自然也就愈高。

　　然後要提升「行為」價值，我就在腦袋裡面定下了「存能力」三個字。因為所有的能力，都是靠持續不斷地刻意練習，才會愈來愈熟練，愈來愈厲害。

　　就像我們學樂器或者是練鐵人三項一樣，你必須持續不斷地提升自己能力，那麼你發揮出來的行為價值也就會愈高。

　　最後要提升「連結」價值，我就在腦袋裡面定下了「存人心」三個字。畢竟人海茫茫之中，與你不相熟的人還能夠認可你的價值，那麼肯定是你對別人有過貢獻、有過付出，甚至累積出好的專業口碑，所以別人才會認可你的好。

　　就像我常常告訴身邊的人說，「人脈從來不是你認識多少人，而是你幫助了多少人。」幫助他人本身就是

一種存款的概念。如果我們持續不斷地幫助他人，累積人心，與人「連結」的價值一定也會愈來愈高。到了這個時候⋯⋯

> 存知識，會增加自己的思維身價；
> 存能力，會增加自己的行為身價；
> 存人心，會增加自己的連結身價。

現在我已經初步歸類分組出三項「提升身價」的大網，接著，只要告訴大家這三個大項要怎麼「存」，同時「存」這個字也體現「提升」這個概念。既然是提升，當然是愈「多」愈好，所以每一個「存」，我就給他三個「多」。

例如：要「存知識」，我們就要「多看」或「多聽」各種不同領域的知識，也可以「多跟」不同圈子的人學習。然後，想「存能力」可以「多方嘗試」，開始行動「多去做」，才有機會「多修正」。最後，「存人心」就要「多幫助」「多給予」，甚至是「多陪伴」。因此，最後歸類分組出圖6-1。

圖 6-1 簡報大綱的脈絡

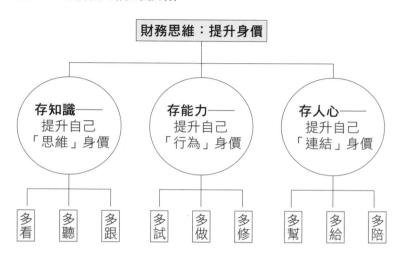

　　到了這個階段，所有演講的骨幹和內容就算大功告成，也完成了「三數法則」的練習。或許看到這裡，很多人可能會有疑問，要「提升身價」一定要用這「3個存、9個多」嗎？

　　我的答案是：「當然不一定啊！」

　　這只是一種邏輯，一種屬於我的邏輯。這只是我的認知邊界，這只是我為了讓聽眾輕鬆理解並且記住的一種歸類分組方式。而「三數法則」的歸類方式，也只不過是一種工具而已，真正的重點在於，理解人類大腦

沒有辦法一下塞入過多資訊的限制原理。所以盡量透過歸類分組，簡化到大腦可以記住、容易記住、方便記住。」因為……

> 記住才會拿來用，
> 拿來用才會有用。

其實認真想想，古人的智慧非常有底蘊：三字經是三個字一組；詩經是四個字一組；五言律詩、五言絕句是五個字一組；七言律詩、七言絕句是七個字一組。古人似乎早就理解了大腦的運作原理，利用歸類分組幫助記憶，不落痕跡地融入學習當中。

原理工具

1. 三數法則
透過本文TED常用的「三數法則」，我們知道可以將所有的資訊透過歸類成三種，進而細分，然後讓獲取知識的人容易記憶。

2.字頭諧音

像我在教授財務管理的時候,其中有一個執行的架構叫做「麵包模型」,其實這名稱是由五個英文字的字頭組成「BREAD」這個字:預算(Budget)、收入(Revenue)、費用(Expenditure)、分析(Analysis)、獲利(Dividend)。這種字頭諧音不僅沒有超出數目7的限制,又可以透過字頭諧音組成的單字,更容易記住,更加深印像。

課後練習

1. 找一個工作上或者是自己有興趣的主題,假設你要與他人分享該主題,又或者針對該主題進行簡報或演講,試著利用「三數法則」規畫出自己的演講框架和內容。

2. 針對自己專業,或者是找一本自己非常喜歡的書籍,看看是不是能夠利用「字頭諧音」的方式,把相關知識進行歸類分組,進而讓自己用一個字就能夠記住所有的框架,就像我前面所舉麵包「BREAD」模型的例子一樣。

第 7 章

關聯思考：連結

- 關聯思考擴張認知邊界
- 擴張認知連結更多未知

因果關係		歸類分組		關聯思考
反饋		記憶		連結

　　在春秋戰國時代有一位非常有名的木匠叫做魯班，他製作木製品的工藝精湛，在當時可以說是遠近馳名。他非常希望自己的工藝能夠流傳下來，所以招收的弟子來自五湖四海。但是他也非常愛惜自己羽毛，隔三差五地就會考核自己徒弟，如果不能通過測試，他淘汰弟子

也是毫不手軟。

他的其中一名弟子叫泰山，就是在這樣的情況之下，被魯班的傳授團體請出門，成為了路人甲。過了一段時間之後，有一天魯班出遊逛到了一個市集，發現有一家竹藝店的門口大排長龍，很多人都聚集在一塊爭相購買竹藝店的商品。

魯班禁不住好奇心過去一探究竟，結果發現這家店的竹藝品製作精美、手工堪稱一絕，和魯班的木製品異曲同工。帶著想要造訪大師的孺慕之情，魯班前去拜訪這家店的老闆，才發現店老闆原來就是被他請出師門的泰山。

後來才知道，當初泰山之所以在工匠技術上沒有辦法獲得魯班認可，是因為他私底下醉心於竹藝的編織，以致於忽略了其他工藝的研習。再加上泰山當時認為自己的竹藝未臻成熟，所以就算被逐出師門也不敢跟老師報告自己的狀況。還好後來泰山仍持續精進竹藝，最終有所成就。而魯班知道這段故事之後，忍不住說出一句千古名言：「有眼不識泰山」。

另外一則小故事也是類似的情節。話說一位身著樸素、外表看起來非常不起眼的婦人走進一家名品店。店長看了一眼之後，就覺得這位客人不是他們的目標客戶，應該沒有任何的消費力，所以冷淡地打聲招呼之

後，連商品都懶得介紹。反而是新來乍到的服務員，非常熱心地為這位婦人倒水端茶隨侍在側，既不打擾躁進，也不漠然以對，並在這位婦人有需要的時候給予恰如其分的協助。

沒想到的是，這位婦人正是這家店創辦人的女兒。先不管這名店長和服務員後面會有什麼樣的遭遇，但是顯而易見地，這又是另外一個「有眼不識泰山」的案例。

說實話，不管是魯班也好，又或者是那位店長也罷，「有眼不識泰山」還真的不能怪罪於他們的行為，我們的大腦原本就是這樣運作，出於一種直覺反應而做出上述的種種行為。當魯班看到泰山的工藝作品不行的時候，肯定認為他不夠努力；當店長看到打扮樸素的婦人來到店裡的時候，肯定覺得他不具備消費能力。

大腦的運作仰賴「連結」

關聯性思考是大腦用來「連結」各種事物的方式，把我們過去的經驗、眼前的所見進行邏輯的判斷。

不過，當魯班有過「連結失效」的經驗，相信他看待徒弟的方式一定會有所不同。那位店長也一樣，下次就算有人穿著樸素地走進店裡，他也不會下意識地認為此人

不具有消費能力，而會給自己保留更多的決策餘地。

> 大腦認知就是像拼圖一樣，
> 慢慢一點一滴地連結起來。

> 人生歷程也是像拼圖一樣，
> 慢慢一點一滴地連結起來。

　　其實關聯思考對於認知的影響，也同樣會發生在我們因為認知而產生的情緒反應上。舉例來說，在生活中或者是職場上偶爾會有這樣的情況，明明是同一件事情，但是由不同的人口中說出，我們就會有不同的反應。

　　儘管是同一件事情，但是只要傳遞訊息的人不同，我們就會針對傳遞訊息的「人」，連結他所有過去的行為、帶給我們的印象，甚至是穿著、態度或精神狀況等等，讓我們對他所陳述的事情，有著不同的關聯思考。

　　除此之外，不管是家人、朋友、情侶、同事或者是夫妻，一旦吵架的時候，腦中浮現的，大多是他過去比較負面的印象。相反地，當對方做出一些令你感動或甜蜜行為的時候，腦中浮現的，又大多是他過去比較正面的行為舉止。

　　這些關聯思考所帶來的畫面和印象，是大腦運作直

接連結過往記憶所帶來的結果。有一句話這麼說：「影響我們情緒的，從來不是事情本身，而是我們對事情的看法。」而這些「看法」，就是大腦關聯思考之下所連結呈現出來的。

收斂型連結V.S.擴散型連結

既然關聯性思考是一種「連結」方式，那麼在實際生活中，我們經常可以感受到兩種不同的連結，分別是「收斂型連結」和「擴散型連結」。

所謂「收斂型連結」，就像是我們前面故事所陳述的「認定」或者說「成見」。當人、事、時、地、物出現在眼前的時候，我們自然而然會「連結」到自己的主觀印象上。

其實，商業領域經常運用收斂型連結來吸引消費者。像是市場行銷領域有關的產品或者是服務「定位」，正是收斂型連結的一種形式，另外還有經常聽專家說的「人設」也一樣。

例如：很多人在認識郝哥的一開始，都認為我的主要專業在財務領域或者是財商思維。畢竟我最開始經營線上課程、書籍出版，甚至是直播或者是線下演講的

主題，大多和財務領域相關，一旦大眾認知成型，看到我、連結到的「人設」就很容易與理財相關。直到後來我出版了《專案管理》，又帶領「邏輯思維」相關的課程與撰寫主題文章的時候，人設才逐漸地發生改變。

　　至於「擴散性連結」則最常運用在擴張我們的思維邊界，也就是發生在學習各種不同領域知識的時候。像知名投資人巴菲特（Warren Buffett）的合夥人查理·蒙格（Charlie Munger）在《窮查理的普通常識》（*Poor Charlie's Almanack*）一書裡蘊含的「多元思維」，就是一種非常推薦的擴散性的連結學習方式。如蒙格所說，如果你手中只有一支錘子，那麼你看待全天下的問題，都像釘子一樣。因為懂得少，所以全部的關聯性思考都變成乏味的連結。唯有當學習非常廣泛的時候，這種擴散性連結才會發生作用，我們才會有比錘子更多的工具和武器，面對問題可以「兵來將擋，水來土淹」。

　　另外，我對《雪球速讀法》（どんな本でも大量に読める「速読」の本）一書的閱讀概念也印象深刻，書中不強調速讀的工具，而是告訴大家，只要多讀書，知識就如同雪球一樣愈滾愈大，自然而然閱讀的速度就跟滾動的雪球速度一樣，愈來愈快。認真想想，這不就符合「學習曲線」的概念。

只要愈學愈多，
就會愈學愈快。

所以說，人們透過「知道」的事情來不斷地連結「不知道」的事，然後透過學習再把「不知道」的事情變成「知道」的事情，如此來持續擴張人們的認知邊界。其實這種關聯思考，套用在人生上面也很貼切。你不妨仔細想想，人生歷經每一個不同階段的轉變與成長，是不是像極了永無止境的連結。

以我為例，自己從半導體行業轉戰到金融銀行業，然後進入到創投行業。因為創投行業的業務，認識了知識內容產業的公司，並透過分享資本市場與財務思維的機會，受邀為這些公司演講和教授課程。

就是這樣的連結，有了後來的線上課程以及書籍出版。然後，因為課程與書籍需要打廣告、行銷，就開始嘗試線上直播，進而也拓展了線上演講和教學。累積類似經驗之後，加上因緣際會，我受邀主持節目，因而有了《郝聲音》的Podcast。回想這一連串的點點滴滴，何嘗不是在關聯思考之下，像拼圖般一塊一塊的連結。

「關聯思考」說穿了不過是大腦運作原理的一種預設模式，底層邏輯就是「連結」的功能而已。但是透過

「連結」的力量，卻可以讓人類的思維從點、線、到面形成一個廣闊的天羅地網，進而擁有更全方位的思維邏輯，如此才能夠有更大的邊界去包容不同的想法。

原理工具

1. 多元角色

我們很常對自己或是他人產生單一的關聯思考，或者是「人設」。但是如果能夠關注別人其他多元的角色，就會對同一個人產生不同的連結，也避免所謂的成見。以郝哥為例，我可以羅列自己五個角色及特色，分別是：

- 出版作家：擅長用大白話解釋複雜專業；領域涉及多元，包含財務思維、專案管理、邏輯思考以及商業模式。
- 音樂創作：喜歡唱歌、吉他演奏以及詞曲創作，曾經發表過一張單曲。
- 鐵人三項：在49歲完成超級鐵人226公里比賽，雖然很累，但是留下人生非常重要回憶和經驗。
- 播客主持：《郝聲音》Podcast的當家主持人，除了分享音樂，也邀請來自於四面八方好友來賓交流人生體驗。主持過程輕鬆活潑，核心價值為「舒服」。
- 講課教學：在中廣與不同平台錄製線上課程之外，也在企業內訓和公開場合分享交流。

2. 興趣連結

所有學習，最佳方式就是從興趣開始。投其所好的學習屬於「內在驅動力」，不需要別人激勵，不需要外在施壓，你自己就會自動自發地開心學習。這種學習的連結是讓大腦進行關聯思考非常棒的方式。因此認真思考自己的興趣，或者勇於嘗試不同樂趣，都是連接新世界非常好的開端。

課後練習

1. 破除成見，重新看見

試著以自己與周遭最親密的三個人為範例，為自己與他們從不同角度設定五種不同的角色，並詳細描繪這五種不同的角色所呈現的特色分別是什麼。（打破關聯，重新連結）

2. 學習開心，開心學習

試著羅列自己的三項興趣，然後審視這三項興趣和自己生活有著什麼樣的連結。然後，試著描述看看，未來除了這三項興趣之外，還有哪些興趣你希望跟生活產生連結。最好能夠具體描述，有形象、有畫面地產生興趣，以及與生活連結的方式。

第8章

大腦原理：生存

- 理解大腦是知己知彼的過程
- 邏輯思考是知己知彼的應對

因果關係	◆	歸類分組	◆	關聯思考	=	大腦運作原理
反饋		記憶		連結		求生存

　　自從開始騎自行車、跑馬拉松及參加鐵人三項比賽之後，運動時間拉得非常長，有時候從3小時甚至到10小時不等。此時有一個動作既重要又關鍵，就是練習的這段時間能量消耗非常高、非常快，所以得不斷地進食，讓能量補給跟得上能量消耗的速度。

還記得第一次參加113公里半超級鐵人三項比賽的時候，我對能量補充完全沒有任何概念，沒有在完成游泳1.9公里及自行車騎乘90公里過程中進食，以致於進行最後一項半馬21公里跑步當時整個人腿軟無力、臉色發白。還好旁邊比賽的朋友看出了我的窘況，立刻要我趕快補充一些食物，甚至還拿出運動能量包讓我吃。好在熱量補給完畢短短的5到10分鐘之後，我的體力、甚至生命彷彿再次活了過來。

然而，只有運動會消耗能量？只有幹體力活才需要不斷地進食和補充體力嗎？

紐約州立大學奧爾巴尼分校（The State University of New York at Albany）的心理學和行為神經科學副教授伊旺‧麥克奈（Ewan McNay）以及史丹佛大學（Stanford University）神經科學家羅伯‧薩波斯基教授（Robert M. Sapolsky）等學者，都分析與實驗過大腦活動所能消耗的能量。雖然大腦的重量只占人體大約2％，不過不管你是站著、坐臥，甚至休息睡眠，每天還是會消耗掉20％的人體能量，換算起來大約是300到400卡左右。

杜克大學（Duke University）的人類學家道格‧博耶（Doug Boyer）的研究更令人吃驚，他說5到6歲的孩童每天大腦要消耗掉的熱量，將近身體消耗總量的60％，這也可以理解為什麼孩童每天都要吃非常多的東西。薩

波斯基教授甚至長期追蹤西洋棋比賽的選手，研究發現一整天的賽事下來，這些選手甚至可以消耗掉幾千大卡的熱量，幾乎和運動所消耗熱量不分上下。

這些研究結果讓我有一種真相大白的領悟，難怪每次長時間開會，又或者是與學生完成馬拉松式個案研討之後，除了身體特別疲憊，也會感到格外飢餓。而這也恰恰解釋了諾貝爾經濟學獎得主丹尼爾‧康納曼（Daniel Kahneman）在其著作《快思慢想》（*Thinking, Fast and Slow*）裡面所說，基本上大腦的設定是「能不用腦，就不用腦」。畢竟，用腦實在是太耗能量了。

現今社會大多數人衣食無虞、不愁吃穿，反觀身處古代社會，或更久遠的上古時代，取得食物和資源相對不容易的情況之下，「減少耗能」盡量不要用腦，反而成為一種「求生存」的表現。

除此之外，如果前面章節大家還記憶猶新，大腦對於外界的認知，或者說是邏輯，還常常會有下面的三種傾向：

- **因果關係**：針對任何現象，或者所見所聞的人、事、時、地、物，人類會習慣性給予一個簡單形成的原因，或者是簡單可能造成的結果，以利於行為的「反饋」。

- **歸類分組**：針對過多的資訊，在沒有辦法充分理解，甚至記住的情況之下，人們會習慣將其分門別類，變成清晰簡單的組別，有助於把資訊變成「記憶」。

- **關聯思考**：隨著世界不斷變化更迭、與時俱進，各種不同事物、訊息和知識也持續推陳出新，就像虛擬貨幣、元宇宙以及NFT等等，人們必須透過從「知道」到「不知道」的關聯思考，才能對過去到未來的認知有所「連結」。

　　不管是因果關係的「反饋」，又或者是歸類分組的「記憶」，以及關聯思考的「連結」，我們可以發現，大腦認知的運作模式主要追求愈「簡單」愈好。因為簡單的認知不僅減少能量耗損，還有利於人類面對外在環境的時候，可以迅速做出反應與判斷，換句話說，就是有利於「求生存」的「趨吉避凶」，這種運作模式對於遠古時代隨時身處危險環境的人們格外重要。

　　所以簡單來說，整個大腦設計原理，就是為了三個字：求生存。而求生存的底層邏輯，可以總結成兩個原因：減少耗能、趨吉避凶。

減少耗能，
趨吉避凶。

　　我們可以把理解大腦原理的過程當成朋友之間的交往，必須知己知彼，才知道如何順應大腦原理來與外界溝通，以及善用邏輯應對我們對事物的看法與觀點。從上述理論可以得出，大腦為了「減少耗能」和「趨吉避凶」，人類可能會不自主地產生「忽略複雜的原因」以及「期待簡單的結論」兩種關鍵行為模式，所以如果想要擴張思維邊界，我們就得善用這兩種模式。

忽略複雜的原因；
期待簡單的結論。

善用模式一、最好不要忽略複雜的原因

　　記得有次與幾位好友相約到一位愛好書法的朋友家做客，雖然那位朋友謙稱自己是業餘書法家，但是由於

家學淵源，從小到大不管是楷書、草書、隸書、行書、篆體，甚至是宋徽宗的瘦金體，他都能夠揮灑地怡然自得。每逢過年佳節，我們這群好友總能收到他親手揮毫的春聯，感激與感動之情不在話下。

那天到他家做客，正巧看到他在教國小二年級的兒子寫書法，他在客廳旁的書房裡對我們比了個手勢，要我們稍候，並請他老婆先招呼我們，他需要一些時間跟孩子「溝通」一下……

可能是孩子好動，也可能是想玩，或者是鬧脾氣，總之，看得出來孩子不想安安靜靜地待在書桌前臨摹練字。接著，我們就聽到這位老爹沒好氣地對他兒子說：「一天到晚只想著玩，連毛筆字都不能好好靜心下來認真寫，將來長大怎麼能夠成大器、做大事？你給我好好臨摹這一篇，寫完之後我要檢查。」好一番義正詞嚴地「溝通」之後，這位老爸才過來和我們聊天。

有趣的是，這位業餘書法家才剛坐下，其中一位大哥朋友，也是白手起家把公司推向國際上市公司的董事長、堪稱我們好友當中的典範，笑笑地說：「我也不會寫毛筆字耶，真不知道將來長大之後，我要怎麼成大器、做大事？」話一講完，這位書法老爸愣在那邊，臉一陣青一陣白，尷尬地只能陪笑。

對啊！為什麼成大器、做大事，非得會寫毛筆字？

其實說來慚愧，我自己也曾走過同樣的路，犯過同樣的毛病。

我女兒從小就讀美國學校，一直以來我心裡總是擔憂她們未來中文程度不好，所以從小學開始就要求除了美國學校的課業之外，我還附加了台灣義務教育的國文作業，外加背誦唐詩三百首以及三字經。

那時候我的想法跟這位書法老爸一樣，心想如果連中文都學不好，將來怎麼立足於社會，如何能夠成大器、做大事。但是認真想想，為什麼成大器、做大事，一定要會背誦唐詩三百首和三字經？

其實，這都是大腦運作在作祟，導致我們很容易把期待的結果，例如：成大器、做大事，歸因於心中一個非常簡單的執念，例如：寫書法和背唐詩。先不管為什麼要成大器或做大事，畢竟光要討論「成大器、做大事」這個定義，就非常模糊且廣泛。而且就算要成大器或做大事，其背後能夠成就的原因，實在是太多、太多了。

就像我曾經聽一位教育家說過，父母家長沒有辦法陪著孩子一輩子，與其強迫孩子培養興趣，倒不如陪著他們尋找興趣。如果找到了興趣，不用別人督促，他們自己也會樂中學習，而且樂在其中。退一步來說，如果找不到，他們也會知道持續尋找興趣本身就是一種樂趣。

一位令人尊敬的企業家好友也曾經說過，我沒有辦

法隨時隨地盯著屬下，而一名員工要把事情做好，其背後原因可多著呢，也不是盯著他就可以達到我們預期的目標。所以，與其想方設法地激勵他，或是盯著他，倒不如協助他找到自我激勵的方法。如此一來，就算主管無法時時陪伴在員工身邊，員工也會自己找方法達成工作的目標。聽完之後我在自己的筆記上寫下這幾句話：

對孩子：

> 我們不是要灌輸興趣，
> 而是協助他找到興趣。

對團隊：

> 我們不是要激勵他人，
> 而是協助他自我激勵。

畢竟，孩子要成大器，團隊要成其事，背後的原因有太多、太多了。

善用模式二、提供大腦期待的簡單結論

記得一開始工作的時候，每當主管叫我匯報工作，我會試圖鉅細靡遺、滴水不漏地報告事情的全貌，一股腦兒通通抖落出來。只要我一這麼做，主管的經典名言就會脫口而出：講重點！講重點！講重點！

實話實說，一開始我心中極度不爽，滿肚子的心裡話：「官大了不起喔，這麼沒有耐性！」後來等年紀漸長、經驗稍多，我才理解「一寸光陰一寸金，寸金難買寸光陰」的道理：不僅老闆的時間寶貴，公司的時間寶貴，所有團隊到每個人的時間都非常寶貴，所以直接說重點很重要。

後來接受邏輯思考訓練，理解了大腦運作原理之後，我才清楚明白，大腦的底層邏輯是，如果不講重點，囉哩囉嗦講一堆也只會換來三個字：記不住！記不住！記不住！

因為，既然大腦習慣：

> 簡單甚於複雜；
> 單一甚於多元。

那麼，我們就盡量要：

> 避免簡單歸因，盡量廣泛求證；
> 避免陳述冗長，盡量簡潔總結。

大腦是人類一輩子的朋友，也是永遠跟著我們一起長大的夥伴，理解大腦原理，知道如何順其優勢、規避其弱勢，就是一種知己知彼的邏輯思考。

原理工具

1. 事前驗屍：多找原因

這是阿里巴巴創辦人馬雲最喜歡的思考工具，每當做任何決策之前，他都會請核心團隊預先假設這項決策結果失敗了，然後再讓大家思考讓這項決策失敗的可能原因有哪些。

換句話說，每當我們做決策之前，很容易忽略掉可能造成失敗的各方原因，而簡單地認為決策一定會成功，也就是常見的「過度樂觀」或「無知樂觀」。透過「事前驗屍」的做法，就是在做出結論、執行之前刻意「唱反調」，以避免簡單歸因所造成的誤判。

2. 標題總結：少就是多

試著在閱讀報章雜誌與書籍，或是觀看電影的時候，為閱讀或者觀看的內容訂一個言簡意賅的標題。接下來，請他人在看過同樣文章、書籍或者是電影之後，分享他們的心得和你的標題是否吻合。

這種做法一方面可以鍛鍊自己濃縮心得和總結的能力，另一方面可以藉此觀察自己濃縮的觀點與他人相同及相異之處，是不是有你沒發覺或是忽略的重點。

課後練習

1. 事前驗屍

試著以自己工作或生活為例，找一個不久的將來即將要做的計畫或者決策。然後找好友、家人或者是團隊一起討論，如果你的計畫或者決策失敗了，導致失敗的原因可能有哪些。

有了失敗的原因之後，請試著考慮這些可能失敗的原因是否可以預先控制？如果不能控制這些原因，你是否會改變這項計畫或決定？又或者調整你的計畫與決定？

2. 標題總結

找親朋好友一起共讀一本書、一篇文章，或者是共同觀賞一部電影、一檔影集，然後在閱讀或觀賞過後，讓每個人試著心得總結出一個標題，看看大家的總結是否一致，又會有什麼不同、有趣的角度和觀點。

3篇

心法：十六字訣

心法，是一種內化；
口訣，是一種轉化。

很多人都說學習只要知道就好，不需要記憶，
但是很多研究證明顯示，主導行為很多是潛意識，
而潛意識是持續不斷地記憶練習，進而內化成行為
模式的過程。

記住才會拿來用，
拿來用才會有用。

第9章 結論先行：焦點

- 言簡意賅記住為先
- 數字時間理解為要

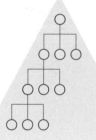

數字 ‧ 時間	結論先行（因果關係）
先發散	以上統下（關聯思考）
再收斂	歸類分組（歸類分組）
歸納 ‧ 演繹	邏輯遞進（因果關係）

　　多年之前，第一次派駐大陸工作的時候，儘管母公司原來有許多的制度和標準流程可以參考，但是為了因地制宜，一些規章和做法都必須重新制定，所謂「入境

隨俗」「因勢利導」大概也就是如此。

　　記得派駐的第一年年底，按照往例公司上下正準備審核年度考績之際，剛從其他公司挖腳來的人力資源主管很認真地擬了一份考核制度提案，還花了快一個小時做簡報，結果公司主管們記憶最鮮明的，只有考核過程當中羅列出將近28項KPI（Key Performance Indicators，關鍵績效指標）來評估每一位員工各方面的能力和表現。簡報完畢之後，其中一位平常說話非常幽默的副總就開心地搭腔了：

　　「28項KPI喔！K不是Key嗎？Key不是鑰匙嗎？需要28把鑰匙才能看清楚一位員工績效到底好不好喔？帶這麼多把鑰匙很累耶！」

　　話才剛說完，會議室裡笑聲四溢，接著他繼續說：

　　「我算老人家了，下面還要帶領那麼多團隊，要我記住『每一位員工』過去『一年』裡面的『28項指標』，很挑戰耶。先不管要管多少人了，光想到要記住自己的指標，能記得3項都很困難了。我覺得啦，衡量指標可以很多，不過關鍵Key可不可以再少一點？這樣除了能夠聚焦每一位員工的優勢之外，也比較容易讓大家

記得住。」

先姑且不論副總的意見好不好、大家同不同意，既然是重要的KPI，28項確實讓人記不住。在記不住的情況之下，想要評論一位員工的「關鍵」優勢，並且決定給他什麼樣的「評價／結論」，顯然是一件苦差事。

> 結論說得少，
> 記憶才會牢。

先講結論可以提高聽眾的
記憶與工作效率

這也讓我想起，剛開始在台積電工作的時候，不到幾個月就開始接任專案經理的任務。我的老闆在那個時候，就已經充分發揮敏捷式專案管理的互動，每天早上、中午、下午，幾乎都會在各種不同的情況之下，找我聊天。說是聊天，實則是匯報練習，簡單的10分鐘到15分鐘，由我向老闆說明一下，今天針對專案任務，有什麼樣進展，又有什麼樣的反饋。

畢竟初入職場，每一次匯報工作的時候，都希望能

夠鉅細靡遺地讓主管知道整個事件的前因後果。打個比方，我今天的任務是與A部門經理討論縮短操作流程所需的時間，提升A部門的工作效能。

最初匯報的時候，我會從如何與A經理的秘書電話約訪的細節開始講起，然後順道抱怨一下A秘書對我的態度有多差，接著再說說A部門的工作流程有多複雜，以及現在使用A工具有多過時，甚至同事之間的關係如何又如何等等。明明10到15分鐘的匯報時間很短，我卻講得跟「老太婆的裹腳布」一樣，又臭又長。因此每次說著說著，正當我想喘口氣繼續說的時候，主管就會見縫插針地提醒我：

> 「先說一下結論，今天A任務你想達什麼目的？
> 這個目的達到沒有？以及有沒有具體的數字來
> 衡量A任務達到與否，就是大家可以清楚知道的
> 量化標準。例如：你希望A流程從原來的5小時
> 縮短成1小時，也就是降低80％的時間，一看到
> 具體的數字，我立刻能夠了解A專案的目標。另
> 外，你可以直接告訴我，改善A流程預計花多長
> 時間，10天、1個月還是3個月。如此一來，我
> 們才能夠知道要安排多少人力或其他的資源。
> 當你的回報言簡意賅，先說出結論，我就可以

清楚了解所有主要目標和關鍵內容，接下時間
你想怎麼閒聊都沒問題了。」

　　每次被主管這樣提醒，我都會很不好意思，同時又
有醍醐灌頂的醒悟。沒錯，之後我將每次匯報都視為一
次刻意練習的過程，一次又一次地優化我的報告方式，
從漫無目的閒聊，變成「言簡意賅」的「結論先行」。
　　把結論放在最前面的其中一個優點、也是最重要的
關鍵在於，人類的注意力屬於稀缺的資源。最好趁著聽
眾在一開始全神貫注的時候，牢牢記住我們想要傳遞的
重點，否則囉哩囉嗦說一堆不是重點的內容，聽眾根本
記不住我們說了些什麼。

> 注意力是稀缺資源，
> 說重點是掌握稀缺。

「數字」和「時間」
能夠增加客觀性與方向感

　　再者，我們永遠不知道在與別人分享的過程，對方
留給我們多長的時間。當你自顧自開心說著不著邊際、

沒有重點的內容，突然間聽眾要離開了，那不就等於讓他一無所獲跟你瞎聊了？

　　所以說，先說結論也是一種貼心的表現，除了讓所有人在一開始聚精會神的時候能夠知道你真正想要傳遞的訊息，更重要的是，如果他臨時有事要離開，也不會感到遺憾，甚至覺得自己的時間被你浪費了。至於說完結論之後的聊天，你就可以隨心所欲暢談了。

> 結論說在前面是貼心，
> 聊天放在後面才開心。

　　結論先行的概念和訓練，其實是職場必備的基本技能，最有名的莫過於管理諮詢公司麥肯錫（McKinsey & Company）提出的「30秒電梯理論」。傳言這個理論的由來，是有一次麥肯錫的專案經理前往拜訪客戶，碰巧在客戶公司樓的電梯裡遇到負責該專案的高階主管，該名主管就要求麥肯錫專案經理當場做簡報。由於這位專案經理沒有事先準備，不知道如何在這麼短時間之內提綱挈領、言簡意賅濃縮結論，結果就與生意失之交臂。

　　正因為如此，麥肯錫公司開始訓練所有主管，讓他們擁有在短時間之內把事情「說清楚、講明白」的能

圖 9-1 30 秒電梯理論，結論先行講重點

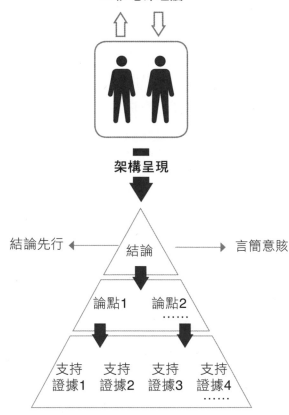

30秒電梯理論

架構呈現

結論先行 ← 結論 → 言簡意賅

論點1　論點2 ……

支持　　支持　　支持　　支持
證據1　證據2　證據3　證據4
　　　　　　　　　　　　……

力，也就是上面提到的「結論先行」。

　　回到台積電的故事，公司規定從工程師做簡報開始，不管簡報資料有多少頁，都要在簡報開頭提交一頁「執行摘要」。一頁式的執行摘要不能把一堆資料全部塞進去，而是像麥肯錫的30秒電梯理論一樣，能夠在短時間之內把所有的事情「說清楚，講明白」。執行摘要的後面再針對「結論」循序漸進地鋪陳和展開。

> 提綱挈領說清楚，
> 言簡意賅講明白。

　　這時候可能會有人問了，想要言簡意賅地陳述結論，必須掌握哪些特殊的「要素」呢？其實，簡單來說，通常我們陳述的不外乎是人、事、時、地、物，如果能在裡面加上兩個關鍵要素：「數字」和「時間」，就會讓結論具有「客觀性」和「方向感」。

　　我最喜歡舉的案例是新聞標題，因為好的新聞標題，就是最佳的結論先行。如果相關的資訊在標題裡面都陳述清楚，那麼讀者只要花簡短的時間就能夠知道事件的大致始末。如果需要理解更詳細的資訊，再深入閱讀文章即可。下面提供A、B兩個標題範例：

範例A

　　凱撒公司預計未來要大規模展店，對於營收與淨利的貢獻會有顯著的提升。

範例B

　　凱撒公司預計在未來3年內，每年展店約50家，3年達150家。每家預計年營收貢獻1千萬台幣，平均淨利率將近10％。

　　看完這兩個範例之後，是不是覺得範例A好像說了些什麼，但是看完之後卻沒有可以清晰記住的資訊。至於範例B，因為行文中呈現了「數字」和「時間」，所以讓你有更多依據理解資訊，也知道公司擴張的規模和方向性。

　　大家應該也發現了，更重要的是，因為範例B出現的「數字」跟「時間」，不管看到這段話的聽眾是老闆、同事、親朋好友或是普羅大眾，他們的心目中馬上可以針對所提供的「數字」跟「時間」進行反饋和分享。而我們也可以從吸收和消化他人的反饋與分享，進一步地修正和優化。

　　如此一來，結論就不僅是結論，更可以成為聽眾認知邏輯的開端，以及後續討論的基礎。

結論為了反饋，
反饋為了優化。

心法工具

1. 執行摘要

拿你過去報告過的簡報當範例，試著將大量的資訊集中在一張簡報上，並在內容當中加上「數字」和「時間」，讓相關的資訊盡量能夠以列點形式濃縮到三到五項。主要目的是讓讀者能夠清晰地理解重點，並且快速記住。

2. 言簡意賅

將前述的執行摘要用90秒的時間口述分享給他人，並收集他人聽過之後的反饋，做為自己參照及修正的依據。

課後練習

1. 自我介紹

試著把自己當成「品牌商品」，如果要讓別人在非常短的時間之內理解你、認識你，請列出能夠描述你自己最重要的三個「關鍵詞」。然後，試著用1分鐘的時間，陳述這三個關鍵詞所代表的價值，讓人不僅記住你，還能夠透過你的介紹，在他

們心目中留下深刻的好印象。

2. 短講練習

試著用1到3分鐘的時間轉述一個主題或是新聞事件給別人聽，
陳述的過程當中，請盡量加入「時間」和「數字」。結束之後
請聽眾覆述他們聽到的重點，以及他們對於時間和數字的感
受，並且收集他們的反饋。

第10章 由上統下：發散

- 想要有一個好點子
- 首先要有很多點子

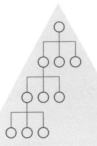

數字・時間	結論先行（因果關係）
先發散	**以上統下（關聯思考）**
再收斂	歸類分組（歸類分組）
歸納・演繹	邏輯遞進（因果關係）

　　當「結論先行」的結論說完之後，我們就能夠以此展開「之所以會有這個結論」的原因，也就是「由上統下」的概念。如果把結論看成是三角形的最上頂端，那

麼往下持續展開，就可以得到層層剖析的理由。

　　這個重要的核心概念提醒了我們，結論是由不同角度和很多觀點匯集而成，而不是狹隘主觀的個人意識。很多時候單純的「我認為」和「我覺得」會成為主導結論的方式。好比所謂的「官大學問大」又或者是「老闆說了算」，但是卻又說不出這種「我認為」和「我覺得」的依據。

　　「一言堂」式的結論，得不到來自於多方角度和觀點的推論，也沒有辦法理解到底什麼樣的邏輯能夠推導出這樣的結論。這種類似於「獨裁式」的決策，不僅沒有辦法根據邏輯來推論或是修正，也很容易因為沒有收集足夠的資訊，而有更大機率誤判情勢。

　　與其說在結論之後，要「由上統下」理解如何得到這個結論。更重要的解讀關鍵在於，展開並理解結論背後，真正具有價值的理由或原因，也就是由下至上推論的過程。

> 結論是由上統下；
> 推論是由下至上。

　　畢竟，結論是經由推論得到的邏輯，推論範圍如果

愈小，邏輯就愈狹隘；推論範圍如果愈大，邏輯就愈寬泛。很多邏輯，事實上都是由下至上實證推論的結果。甚至常常各種主觀的認定，和實際的驗證，會有非常大的落差。

> 推論範圍如果愈小，邏輯就愈狹隘；
> 推論範圍如果愈大，邏輯就愈寬泛。

圖 10-1 結論 V.S. 推論的方式

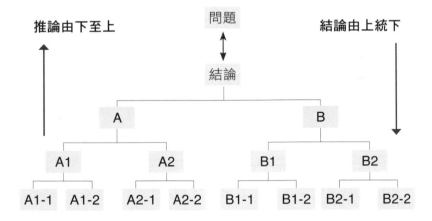

案例：從名創優品與騰訊
了解結論與推論

　　就像名創優品（MINISO）這家生活日用品的連鎖通路品牌企業，在一開始選擇設立分店地點的時候，就透過實際的驗證，避免了主觀認定可能形成的誤判。

　　當時有兩處非常搶手的實體據點邀請他們進駐，一處在地鐵站旁邊，另一處則在購物中心裡面。公司內部討論這兩處據點的時候，發生非常大的分歧。有人認為在購物中心設立據點比較有質感，能建立品牌形象，另外一群人則認為，地鐵站人潮流量非常大，能夠獲得更高的轉化率，也就是買單的銷售額。

　　由於兩方人馬在設立據點的意見上爭得互不相讓，公司最後就做了一個非常有趣的決定：「同時進駐兩個據點，實際試驗一下結果如何」。沒想到，購物中心的店面出乎意料地遠勝於地鐵站的銷售額。

　　後來所有的管理階層針對結論進行邏輯推演，當然這個結論是實證之後的結果，也是我們常說的「後見之明」。經過討論且實地觀察之後，他們發現地鐵站雖然人來人往流量很大，但是這些人真正的目的不是買東西而是搭地鐵，甚至是趕赴下一場約會。所以這些看起來龐大的流量，並不會成為真正買單的轉化率。換句話

說，他們……

只是過客，
而非顧客。

反觀進入購物中心的人，他們本來的目的就是購物，時間壓力也不再成為干擾因素，更重要的是，這些人潮不僅僅是「流量」，更是購物中心的「存量」。存量所帶來的買單轉化率，比流量來得更確定、更穩定。經過這樣的思考邏輯，等於是透過「由下至上」的推論，得到了未來名創優品「由上統下」的結論，那就是未來的選址目標……

不只流量，
更重存量。

除了名創優品之外，另一個知名案例當屬中國支付大戰時期的微支付，當時微信透過「微信紅包」一舉將微支付的用戶量大幅追趕，逼近支付寶的著名戰役。

很多人事後聽到這個案例，都說騰訊的「微信紅

包」計畫實在是太睿智、太成功了，肯定是有高人在背後指點。殊不知，這個大家以為是「由上統下」的結論，其實是騰訊工程師自己玩著玩著，玩出來的一場「突變」。根本就是「由下至上」，從底層演化出來的一齣戲碼。

2014年的春節前夕，騰訊一支10人小組團隊推出了「微信搶紅包」的活動。這個活動的開端不全然因為工作要求，這支團隊的工程師更多是出於興趣，在更多Just for fun（好玩嘛）的動機驅動之下，以及配合即將來臨農曆春節發紅包的傳統活動，應景地將活動變成促銷工具。

一開始團隊也沒有料想到效果竟然如此之好，而且做法也很簡單，任何人只要透過微信支付的帳戶，都可以發紅包到自己的微信朋友群裡。因為領紅包就跟福袋或者是盲盒一樣，沒有人知道搶到的紅包金額有多少，領了之後系統會隨機把紅包總金額的一部分像樂透一樣分配給拿到紅包的人。所以搶紅包活動不僅達到了過年發紅包的喜氣效果，更有著隨機抽籤中獎的興奮感。

不過想參與活動的前提是，你必須開立微信支付的帳戶，就這樣，騰訊的春節應景活動在所有微信群裡迅速火了起來，而且還讓微支付的註冊指數型成長，大幅靠近了原本遙遙領先的阿里巴巴支付寶。

這也難怪馬雲會說，騰訊這一支10人小隊伍所開發

出來的微信搶紅包，是電子支付史上的一次成功逆襲。所以，原來看起來以為是「由上到下」的計畫，其實是一場「由下至上」沒有預期到的活動演化。

我相信為了爭取行動支付市場的占有率，騰訊內部一定有各種不同的專案正在進行。但是如果所有的專案都必須經由高層拍板定案，而不能透過基層工程師以類似微信搶紅包這樣的放膽嘗試，那麼微信支付的事業版圖，就不可能像今天一樣有如此突出的表現了。所以才說……

> 不做不知道，
> 做了才知道，
> 輸得起就好。

如果去問名創優品或者是騰訊，為什麼他們能有先知灼見，知道購物中心是好的地點？知道微信搶紅包能夠大幅提升行動支付的市占率？看過這兩則故事的背景，你就知道他們的回答可能是：「誰知道啊？這是做了之後才有的結果啊！」

推論在前；
結論在後。

行動的過程就是推論；
行動的成果就是結論。

　　說到這邊，大家應該能夠清晰地感受到，所謂「結論先行」之後的「由上統下」，最重要的關鍵在於，底層的資訊和驗證要足夠廣泛，那麼彙整到高層的結論才不會失之偏頗，才是考慮周全之下的結論。

　　這也是為什麼我們在開頭說的，「我認為」和「我覺得」是太過主觀或太過重視效率的結果，往往忽略了收集由下至上更多元角度和觀點的機會。所以說……

想要有一個好點子，
首先要有很多點子。

少了由下至上的觀點，
思維就會缺乏包容與多元性

　　各種不同的想法發散不是件壞事，在企業裡是如

此，在生活中也是這樣。家裡不一定父母說的一定對，因為父母就像高層一樣，有的時候孩子們接觸到的世界，父母可能接觸不到，就像公司一線或基層員工面臨的工作環境一樣，孩子也會發現父母發現不了的角度和觀點。

一旦高階主管或者是父母直接做了太多決定，會間接減少基層員工和孩子表達更多點子和想法的機會。這也讓高階主管和父母在做結論的時候，少了由下至上更多的「選擇權」，使得「由上統下」所得到的結論，少了更多的包容和接納，從而降低了全面性和多元性。

曾經聽過一則小故事。一位年輕人向他尊敬的教授抱怨，自己父親非常有趣卻不合邏輯的要求。這位教授問這位年輕人，他父親到底是怎麼不合邏輯地要求他。

這位年輕人說，他老爸最近要他開始認真思考接班問題，並要他開始培養獨立思考的能力，不要成為「靠爸一族」。教授聽完之後頻頻點頭，說他老爸的要求並沒有什麼太大的問題呀！

但是這位年輕人說，從小開始，國小、國中、高中到大學科系的選擇，全都由他老爸決定。甚至大學畢業之後出國要念什麼學校、主修什麼碩士學位也由他爸爸安排。碩士畢業被要求回國發展也是他爸爸的意思。現在要他接班了，他爸爸又要求他要學習獨立思考，不要

成為靠爸一族，合理嗎？

　　他說這種感覺就好像跟他爸爸一起玩手遊遊戲，然後老爸說第一關太難了，爸爸替你玩，第二關也很難，又替兒子闖關，一直持續下去到了第七關，老爸說他不想玩了，決定放手讓兒子自己玩。

　　這位年輕人苦笑地跟老師說：「你覺得這個孩子到了第七關的時候，闖關技能會比他老爸更厲害、更容易破關嗎？」從來沒有玩過遊戲，怎麼知道如何過關斬將？從來沒有做過決策，如何學會獨立思考？

　　儘管所有的結論是「由上統下」，但是所有的結論就是透過過關斬將，就是透過獨立思考之後才會有的結果。其過程必須經過實證，也就是「由下至上」，真正玩一場遊戲，真正做決策去實踐，才會透過推論的過程得到有意義的結論。

心法工具

1. 便利貼法：各自表述

為了得到結論而需要收集各種不同意見的時候，建議可以採用「便利貼」這項工具，把每個人的想法、觀點或意見寫下來。這種方式能夠讓每個人在思考過程中，不會被別

人干擾，藉此做出客觀且獨立的表述。其所得到的結論，在闡述「由上統下」的過程中，才會真正包含更多不同角度跟觀點。

2. 實驗測試：買單為大

直接透過行動，在非常小的成本或者是費用之下，測試各種不同方案可能會有的結果，然後從中找出效益最高的結論。就像各種不同的行銷方案，如果可以在小範圍的市場上測試，直接讓消費者買單，那麼再去進行大規模的行銷推廣才能獲取更大的效能。

課後練習

1. 由上統下

跟三、五好友找出大家共同認可的一家五星評價餐廳，然後分別利用「便利貼」，寫下這間餐廳評價之所以高的三個特點，寫完之後將所有特點放在一起，看看哪些相同？哪些相異？

2. 社群反饋

找一位好朋友，從你們共同喜歡的一家餐廳中，各挑一道各自認為最有可能大受歡迎的菜色。然後將這兩道菜拍照上傳到社群媒體，邀請大家選擇他們最喜歡哪道菜色，看看最後哪一道菜勝出。結束後，分享你們原來想法，和後來大家選出來的結果有什麼不同的思維之處。

第 **11** 章
歸類分組：收斂

- 從問題變成主題
- 從無序變成索引

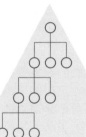

數字・時間		結論先行（因果關係）
先發散		以上統下（關聯思考）
再收斂		**歸類分組（歸類分組）**
歸納・演繹		邏輯遞進（因果關係）

　　想像你走進超市或大賣場，準備買日常必需品。如果這時候你的腦袋裡面想著要買些「吃」的，這個時候你肯定不會走到洗潔用品區、不會走到休閒服飾區、鞋

類區、玩具區，當然也不會走向圖書文具區，畢竟這些
區域，不符合「吃」這個邏輯。

因為這時候你心中下的「結論」是去買「吃」的
「食物」。而上面這些東西，肯定不在食物「由上統
下」的清單裡面。你會很自然地移動推車和菜籃，直接
往食物的大分類區走去。譬如：牛奶、優酪乳、肉類、
海鮮等在冷藏區；冰品、冷凍包子、水餃在冷凍區；水
果、泡麵、罐頭、包裝零食則在常溫區。

雖然要買的東西是食物，但是食物有成千上百種，
如果沒有透過歸類分組，將其「收斂」成各種不同的大
類，例如：常溫類、冷凍類、冷藏類。那麼可想而知，
這個大腦「搜尋時間」會有多麼長，「無形成本」有多
麼巨大。

因此，類似這種「索引」的歸類分組，就是將龐大
的資訊透過某些共同特性，把各種物品聚在一起，便於
我們識別和尋找的一種方式，也是一種常用的邏輯。

歸類選項，讓決策更有方向感

雖然說「由上統下」四個字看起來非常簡單，描述
從結論到最底層的資訊。但是從結論到最底層的資訊，

如果不能描述出「清晰路徑」的話，我們也很難理出邏輯脈絡。

　　就拿前面購物來說，如果你到了大賣場，所有商品隨便散落在各個不同的區域，沒有任何商品分類，也沒有任何規則指引你如何找到你要的商品。我們想像一下，這個時候你想買一罐牛奶、一瓶優酪乳，還有一顆芭樂，是不是無異於大海撈針，如同在森林裡狩獵一樣，可能要運氣好才買得到。

　　但是透過歸類分組，把所有的食物都按照類別放好，那麼這個時候不管你是要買牛奶，又或者是其他各類商品，對你來說都不再是個問題，因為商品都有清晰的主題區域。

> 牛奶，就在冷藏這個主題區；
> 肉類，就在冷凍這個主題區；
> 罐頭，就在常溫這個主題區。

　　一旦有了各種不同的主題，就把原來毫無章法、沒有次序的食物或事物，透過分門別類放置好，所以你可以把歸類分組想成按圖索驥，即是索引，也是導引。

牛奶，就在冷藏這個索引區；
肉類，就在冷凍這個索引區；
罐頭，就在常溫這個索引區。

圖 11-1 超市索引地圖

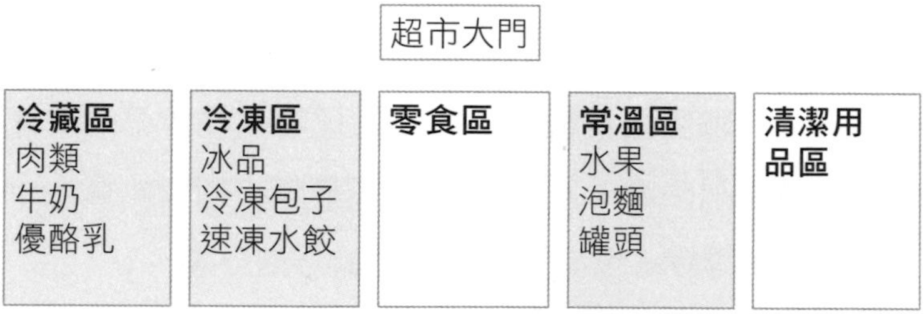

超市大門

冷藏區	冷凍區	零食區	常溫區	清潔用品區
肉類	冰品		水果	
牛奶	冷凍包子		泡麵	
優酪乳	速凍水餃		罐頭	

總之，歸類分組是個收斂的邏輯過程，可以視為：

從問題變成主題；
從無序變成索引。

類似這種歸類分組的收斂邏輯，在我們生活或工作周遭隨處可見。而這種邏輯，不僅可以方便大腦記憶，更

重要的是，透過收斂化繁為簡，不但能夠讓我們做出更好的選擇，還能降低搜尋成本，有系統地建立學習方向。

拿台灣的教育體制來說，高中要升大學的時候有分社會組和自然組，再往下細分，社會組有第1類組，而自然組又有第2類、第3類及第4類組。甚至還有更多不同的學群和更細分的學類。當你完成學業進入職場，同樣地，行業也會有各種不同的分類。例如：我們常聽到的士、農、工、商4大類，以及細分成360行等等。

另外，像我最常被問到可以選擇哪些投資標的，這時候不管是房地產、股票、債券、基金、期貨、黃金以及虛擬貨幣等等，也都是大家耳熟能詳的分類。

還有就是對於健康有益的運動型態，教練朋友常常會提醒大家有3大類的主要運動，包含：心肺功能、肌肉重量，以及柔軟拉伸，而這3大類的運動最好能夠平衡發展。

如果還要我繼續例舉分類主題的話，我一定會舉自己最喜歡的鐵人三項運動來說明，不管是游泳、跑步或騎腳踏車都屬於心肺功能的運動，而在健身房裡面的啞鈴槓鈴等等則是肌肉重量的運動，至於瑜伽或是皮拉提斯算是柔軟拉伸的訓練。

以上述的運動分類來說，我們如果要均衡發展3大類運動，但是又想依據自己的喜好來做選擇，這時候分類

就派上用場了。例如：你不喜歡騎腳踏車，但是又必須練習心肺，那麼散步、跑步是一種替代選項，你可以非常方便地選擇與替換。總之，分類等於擁有不同的「主題」，不同的「索引」。當然，你也可以更具體地將歸類分組比喻成地圖：

> 主題，是讓我們知道地圖上有哪些地方；
> 索引，是帶我們去到地圖上想去的地方。

　　這個時候可能又會有人提問，「歸類分組」有沒有比較好的歸類或者是分組方式？

　　其實，所有歸類分組並沒有好壞之分，單看你的需求，以及你以什麼角度和觀點來分類。除了收斂龐大的資訊「便於記憶」之外，更重要的是能夠「聚焦重點」，找到自己想要專注的方向。

　　就像一場馬拉松的賽事一樣，如果單就參賽選手來分類，可以有各種不同的分類方式，像是按照性別、按照年齡、按照速度紀錄，以及按照距離長短等等。

　　不管是「便於記憶」也好，又或者是為了「聚焦重點」，其實都是要讓我們極大化地利用有限資源。

　　之前我說過，大腦的基本設計是能不用腦就盡量

不用腦，所以如果能夠讓大腦容易記住，專注在重點上面，那麼「注意力」這個稀缺的資源，才不會被太多的資訊混淆與浪費。就像我一直強調的，所有資訊，或者是所有知識都是：

> 記住才會拿來用，
> 拿來用才會有用。

而歸類分組，就是一個幫助我們「記住」非常重要的關鍵。

歸類分組除了透過收斂，可以幫助我們找到「主題」，讓我們有清晰的脈絡「索引」，甚至讓我們便於「記憶」之外，更重要的是，能讓我們透過「異中求同」有了共性的邏輯，而在生活或工作上面，可以產生共同的目標。

記得在半導體領域工作的時候，有一次三位同事對於即將舉辦研討會的活動形式，分別有了三種不同的意見。這時候我們主管做了一件非常有趣的事情，他請這三位同事各自針對他們提出的做法列出「想達到的目的」以及「優點」，然後把每一個目的和優點寫在一張便利貼上面，整整列出了20多項。

接著，再請三位同事把所有寫出來的目的和優點一起歸類分組，總結變成了8大項。最後，主管和三位同事根據彙整之後8大項的目的和優點，重新檢視了活動的設計，最後提出一個大家都能夠接受和認可的方案。

> 團隊要共同目標，
> 共同目標要收斂。

> 面對意見的不同，
> 找出洞見的相同。

收斂是為了異中求同，增進共同使命感

其實，這種透過歸類分組達到「異中求同」，並進一步建立共同目標的邏輯，不僅適用在工作上面，其實在生活中我們也常常遇到，甚至是不時會拿來運用。

就像我們常常在各種不同場合，不管是參加活動、聚會、拜訪客戶，或者是朋友之間引薦，就算打開了話匣子，剛開始的陌生感和距離感總會存在。不過，一旦在聊天的過程當中，發現彼此有共同交集，例如：相同興趣、相同出生地、就讀同一間學校、相同星座、相同血型、相同生肖，甚至是共同認識的朋友，親切感馬上

直線上升，從而拉近彼此距離。

　　換句話說，不同的人只要找出相同的交集，感情立刻就連結在一塊。這就是歸類分組，也就是「異中求同」這種簡單邏輯所帶來的力量。人與人之間是如此，一旦找到了共通性，彼此的連結就擴大了。知識和知識之間也是如此，不同的知識也是可以透過共通性，把彼此連接起來，然後擴大對於知識的認知邏輯和認知邊界。

　　就像我們知道並且熟悉什麼叫做宇宙，但是對於「元宇宙」可能就比較陌生。但是如果我告訴你，元宇宙就是存在於網路世界裡面，類似我們存在世界的一種仿真情境，也就類似虛擬世界的另外一個複製宇宙，或許這種類比你就可以透過心中的歸類，擴大自己對新知識「元宇宙」的理解。

> 透過相同歸類，拉近彼此的距離；
> 透過不同延伸，擴張彼此的邊界。

　　以前我們常常說，所有的知識愈學愈廣就能夠「觸類旁通」。其實觸類旁通就是歸類分組之下，異中求同的一種延伸。

心法工具

1. 分析屬性

當面對眾多資訊的時候，又或者是眾多的問題以及事務，試著拆解這些資訊、問題或者事務，變成各個不同的特徵或者是屬性。然後，再透過這些特徵和屬性進行歸類分組。

例如：超商會為每天來採買的客戶設立客戶檔案，藉此分析他們的特徵或者屬性，譬如：性別、年紀、工作、高矮胖瘦、婚姻狀況等等，然後再透過歸類分組，試著推測出什麼樣的特徵和屬性偏好什麼樣的商品，反過來說，分析某些商品的目標客戶有著什麼樣的特徵。

所以，分析拆解屬性並重新歸類分組，可以找出聚焦的主題，給策略方向一個清晰的索引。

2. 找出共性

試著從完全不同的事物中找出它們的共同特性，然後加以歸類。經過長時間的刻意練習，不僅能夠將過多的資訊化繁為簡，也可以提升自己的記憶效率，進而持續擴張自己的認知邊界。

就像我在學習的過程當中，希望盡量多元化地吸收各種不同的知識類別，所以在一開始會採用隨機閱讀或者是聽書，後來慢慢地針對知識特性進行歸類，例如：歷史、心理、商業、教育、科學等等，然後依照這樣的歸類，輪流學習不同學科，讓自己的思維邏輯能夠持續不斷地變換和擴張。

1. 人際連結

試著找三、五好友，列出幾個大家都有興趣的屬性，例如：星座、血型、家鄉、生肖、嗜好、口味、學校、運動、音樂等等。然後請每一個人針對不同屬性，寫下自己的特徵或喜好。接著互相分享與感受，當彼此之間擁有更多共同屬性的時候，是不是好感度和親近感大幅提升了。

2. 學習記憶

歸類分組以下20項物品，收斂成一個你容易記憶的方式。

1. 吹風機	2. 牙刷
3. 馬克杯	4. 電視
5. 手機	6. 鋼琴
7. 鞋櫃	8. 沙發
9. 檯燈	10. 冰箱
11. 釋迦	12. 瑜伽墊
13. 吊衣架	14. 書桌
15. 榴蓮	16. 訂書機
17. 眼鏡	18. 耳機
19. 棉花棒	20. 芭樂

第 12 章

邏輯遞進：擴張

- 已知愈多邏輯寬廣
- 未知愈多邏輯狹隘

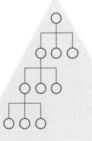

數字・時間		結論先行（因果關係）
先發散		以上統下（關聯思考）
再收斂		歸類分組（歸類分組）
歸納・演繹		**邏輯遞進（因果關係）**

　　從前面幾章的「結論先行」、「由上統下」到「歸類分組」，可以理解每當我們言簡意賅向別人陳述事情的時候，能夠迅速地讓接收訊息的對方，明白想要表達

的重點，這個基本概念叫做「結論先行」。

如果一開始就囉哩八唆講一大堆、聽不到重點、讓人不知所云，那麼接下來的任何溝通也就談不上邏輯可言了。當結論陳述完畢之後，我們就可以一層一層地往下剖析如何得到這個結論的過程，這就是「由上統下」的概念。

而這裡面其實蘊含大腦運作的兩個原理，上層和下層之間，從結論到原因，就是「因果關係」。原因之間互相連結，導致了結論的發生，就是「關聯思考」。

至於將類似原因或者是共同特性「歸類分組」，則是大腦運作的第三個原理，讓我們便於記憶，可以把散亂資訊有條理地變成有序的索引。

拿我老婆叫我去超級市場買東西的例子來說，我老婆一下子就唸了10項商品，分別是：牛奶、優酪乳、起司、優格、香蕉、芭樂、蘋果、綠茶、可樂、啤酒。透過學習邏輯思考，我知道可以透過歸類分組來記得更牢，所以我把它分成三類：

- 奶製品：牛奶、優酪乳、起司、優格。
- 水果類：香蕉、芭樂、蘋果。
- 飲料類：綠茶、可樂、啤酒。

　　這三大類又顯而易見地可以彙整成「食物」兩個字。所以當我走進超級市場，在這個「結論先行」的概念之下，我就不會走向日常用品、鍋碗瓢盆或清潔用品的區域，而會逕自奔向「食物」的區域。

　　透過「由上統下」和「歸類分組」的邏輯，我只要依序到奶製品、水果類和飲料類的區域，就可以迅速採購完所有物品。這個看起來很直觀的採購過程，其實包含了從每個不同物品的「個體」到「食物」這個結論的彙整記憶。也包含了到超級市場之後，透過「食物」這個結論，去尋找每個不同分類以及「個體」物品的過程。試想兩種不同的情況：

第一種情況

　　你看到有一個人把「香蕉、芭樂、蘋果」清單放在一起，但是寫的不是水果類，而是裝飾品。換句話說，他買的可能是水果塑膠製品，要放在店裡面當做裝飾，那麼你就不可能把所有的「奶製品、裝飾品、飲料類」分類寫上「食物」這個結論了。因為在這個情況之下，「香蕉、芭樂、蘋果」並不是可以吃的食物。

第二種情況

　　當你到了超級市場，走到了食物區，卻居然發現擺

了一個房屋模型，你一開始以為是玩具放錯位置了。後來詢問之後才知道那個是薑餅屋，用來做為聖誕節慶的點心。

這個時候你才發現，原來「模型」在你腦袋裡面不會歸類在「食物」類別，但是知道了有薑餅屋這個點心之後，你有了新的邏輯認知。上面這兩種狀況，就是我們經常碰到的兩種不同邏輯思考方式：歸納法與演繹法。

歸納法，從個人經驗法則推導出結論

所謂的歸納法，就是透過觀察個別性的前提，然後推論出一般性的結論。這個前提和結論之間的關係，並不一定會成立，只要個別性的前題被打破，結論也就會有所變化，通常我們稱為「例外」。

像我們常聽到的「黑天鵝效應」，說的就是類似這種情況。「黑天鵝效應」是由紐約大學（New York University）塔雷伯教授（Nassim Nicholas Taleb）於2007年提出，主要指「發生機率非常低，而且難以預測，但是最後還是發生的事件。」

就像人們一直以為天鵝只有白色，直到18世紀歐洲人發現澳洲有黑天鵝之後，才打破了這項認知概念。還

有這幾年發生的新冠疫情，完全打破了我們生活與工作模式，大家從來沒有想過戴口罩、保持社交距離會變成一種半常態的社交行為。總之，歸納法是根據過去經驗來邏輯推斷未來的方法。

顯而易見地，在這種邏輯思維之下，如果你接觸的事物、親身的經歷，或者是學習的範圍不夠多，那麼透過歸納所得到的結論很容易失之偏頗。

就像以前我們常聽到的成語一般，不管是「井底之蛙」或者「以管窺天」都有類似的含義。在認知不全面的情況之下，所做出來的歸納結論，就可能造成錯誤判斷或決策。

就像我從小到大習慣騎自行車通勤，除了YouBike之外，最常騎的就是家裡載小孩那台淑女車了，所以我認為一台自行車的價格，應該差不多落在新台幣3,000元到5,000元左右。

直到我決定和朋友騎乘公路車上陽明山，當時準備採購新車的時候，好朋友問我預算多少，我想都不想就回說：「新台幣5,000元左右夠嗎？」聽完我的回答，朋友想都不想直接回覆我：「新台幣5,000多塊？我看你連一顆輪胎都買不到！」

這時我才重新認識「公路車」這款自行車，與我原來認知的自行車完全不同，它的價格區間遠遠超出我的

理解範圍。

> 資訊多，歸納容易全面；
> 資訊少，歸納容易片面。

演繹法，探究事物本質來推導出結論

至於演繹法則是以一般性為前提來推論個別性的結論。因為這種「以一般性為前題」，是透過打破沙鍋問到底的「透過現象看本質」，所以從前題到結論有其必然的關聯性。

舉我們之前提過的減肥為例，如果用歸納法的邏輯來看，那麼思維過程就是：「很多人都運動→而且瘦下來了」，結論就是：「運動能夠讓人變苗條」。這就是用個別性的前題來推導一般性的結論。但是等到你運動了半天卻瘦不下來，那麼這個結論就站不住腳了。

反觀如果用演繹法的邏輯來理解苗條，其實和攝取與消耗的熱量有關，所以一般性的前題思維就會變成：「只要持續讓消耗的熱量大於攝取的熱量→人就會變瘦」。因此如果觀察一個人從胖變瘦，那麼我們可以給出一個結論就是：「他消耗的熱量一定大於攝入的熱

量。而且和他運動多寡沒有絕對的關係。」

記得我在學生時代當英文家教，曾經教過一位剛升國一的學生，由於他每次考試成績都不理想，所以他媽媽就請我來做課後輔導。那個時候他媽媽還特別疑惑地問我：「為什麼他兒子這麼用功，花很多時間學習英文，但是成績還是不理想。」

當時我沒有多說什麼，只是先詢問他的測驗試卷，再了解一下他平常唸書的方式，然後就去買了5、6份試卷讓他練習。僅僅一個多禮拜，他所有的考試成績就從及格邊緣，直接躍升到將近滿分。他媽媽十分訝異，問我到底用了什麼法啊？

我說：「『分數的本質』在於答『對』了試卷上多少答案，而不是盯著課本拼命朗誦。」

如果用演繹法的思維來看待，這個一般性的前題是：「只要很會答題→就會到高分」。根據這個前題推導出來的結論也很簡單：「如果拼命看書但是不會答題，分數就不會變高」。這位學生具備了完整答題能力，那麼得高分的結論就會成為必然了。

簡單來說，孩子分數的高低是我們觀察到的現象，而影響分數高低的本質，是試卷答題的能力。因此強化試卷答題能力可以獲取高分，就是最終的結論。

> 觀察現象，洞察本質；
> 洞察本質，明察結論。

　　再舉一個簡單的例子，如果有人問你：「要活下去，是不是一定要吃飯？」如果你腦袋裡面根據過去的觀察和經驗，所有人都必須吃飯才能夠活下去，那麼在個別性的前題之下，我們就會得到：「人必須吃飯才能夠活下去」的一般性結論。這個就是歸納法。

　　但是回到「從現象看本質」的演繹法邏輯，我們知道吃飯的目的是「獲取能量」。有些人因為生病沒有辦法吃飯，而透過注射營養液也可以讓他維生。所以這個時候一般性的前題是：「人要活下去就必須獲取能量」，結論就變成：「人如果想要活下去，就必須持續不斷用各種方式獲取能量」。

> 歸納法：透過觀察現象得到結論；
> 演繹法：透過洞察本質得到結論。

　　我給這兩種方法下了兩個簡單註解：

歸納法：擴張邊界玩遊戲；
演繹法：慢下結論多提問。

　　歸納法要持續不斷地「向外」擴張對外界的認知；
演繹法則是持續不斷地「向內」探究內在本質。這兩種
不同的思維方式，透過不斷地向外和向內，能夠增加我
們「邏輯遞進」的能力。

圖 12-1 歸納法和演繹法的差異

歸納：「觀察看現象」
個別性前提到一般性結論：常有例外

個別性前提 一般性結論

演繹：「洞察看本質」
一般性前提到個別性結論：比較嚴謹

一般性前提 個別性結論

1. 延伸學習

當我們閱讀書籍或者是文章，常常會有所謂的「附註」或者是「參考來源」，這些相關的資訊都會延伸我們學習和理解相關的知識主題。

維基百科也是一種非常好且又有效率的延伸學習方式，當你在維基百科上面學習NFT，內文頁面會將所有相關的知識點連結到其他相關頁面上，例如：區塊練、比特幣以及加密貨幣等等。

這種線下或線上的延伸學習，會持續擴張我們的認知邊界，強化我們的歸納能力。

2. 追根究底

演繹法有一個非常有名的觀念稱為「第一性原理」，這是亞里士多德提出的哲學觀點，那就是「每個系統中都存在一個最基本的命題，不能被違背或刪除。」例如：滑鼠和鍵盤是我們看到的外在形體，其真正目的是為了解決「資訊輸入」的需求命題。既然是為了資料輸入，除了滑鼠和鍵盤的產品形式可以做到之外，我們可以反思或提問，是不是有其他的方式同樣也可以達到目的？不管是聲音、視覺，甚至是思維輸入。

在這個邏輯思考之下，音訊輸入、眼球移動輸入，甚至是透過意識以腦機介面輸入，都會成為研發的方向。所以透過不斷追根究底的提問，可以讓我們清晰理解事物本質，這就是「第一性原理」，也是提升我們演繹邏輯思維的好方法。

〔課後練習〕

1. 延伸學習

選擇一個你想要理解的主題，不管是減肥、鐵人三項、元宇宙、Podcast、冥想、財富自由等等，試著利用網絡搜尋引擎、維基百科，或者是YouTube查找相關資料，試著透過各項搜尋來延伸學習另外三個知識點或者關鍵字。

接下來，透過學習這三個新的知識點以及關鍵字，利用口述的方式將你理解的內容分享給家人或朋友，並請他們反饋能否理解你的陳述。如果他們有任何新的問題，你可以記錄下來，重新搜尋相關知識，直到你的聽眾能夠輕鬆理解為止。

2. 追根究底

利用「第一性原理」持續不斷地探究「汽車、書籍、金錢」這三項物品的「基本命題」到底提供了什麼樣的服務，滿足什麼樣的基本需求或欲望？

然後試著從這個底層邏輯出發，思考除了現在看見的形式之外，還可以用什麼不同的方法滿足這三項物品的基本命題。

4

第 4 篇

應用：
問題分析

知識，就是用來解決問題；
問題，就會持續擴張知識。

應用，就是把知識拿來解決問題的過程；
知識用得愈多，解題就會更加熟練，
而問題解決得愈多，就愈能持續擴張知識邊界。

不做，不知道，
做了，才知道。

第13章 界定問題：釐清

- 別讓問題成為問題
- 多提問題釐清問題

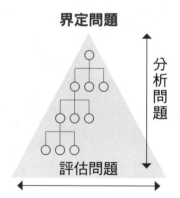

界定問題

分析問題

評估問題

　　試著想像下面幾個情況，是不是曾經發生在你的日常生活當中？

情況一：變胖要節食

早上起來隨手抓了一件衣櫃裡的牛仔褲，正準備要穿上的時候，居然發現扣子沒辦法扣上，你心中驚呼：「糟糕，沒有節制一不小心發福了。」然後暗自下了個決定（結論）：「我要減肥並開始節食！」

情況二：投資買股票

最近公司同事都在討論股票，其中一檔科技類股更是持續飆升，旁邊好幾位同事都買了這支股票而賺大錢，這時候你心中驚呼：「糟糕，一不小心就錯過了投資獲利的機會。」然後暗自下了個決定（結論）：「我要立刻買這檔股票！」

情況三：孩子學鋼琴

和一群朋友聚會，大家正在討論如何培養下一代，有好幾位父母都大力推薦讓小孩從小學鋼琴，不僅可以提升音樂素養，也可以建立自律能力，同樣身為孩子家長的你心中驚呼：「糟糕，一不小心差點讓孩子輸在起跑點上。」然後暗自下了個決定（結論）：「回去立刻幫孩子報名鋼琴課！」

不管是變胖了、看到同事買股票大賺一筆，又或者

是好友培養孩子的音樂素養和自律能力，這些都是時不時會在生活場景中出現的「問題」（Problem），又或者說是「議題」（Issue）。

回到前面提過的大腦運作原理，在盡量減少耗能，「能不用腦，就不用腦」的情況之下，我們很容易斷然下結論。就像這三個案例的反應：

「想減肥，就來節食！」
「想賺錢獲利，就買股票！」
「想要孩子自律，就讓他學鋼琴！」

但是節食、買股票以及學鋼琴是好的解決方案嗎？真的可以對症下藥成功達成我們心中的目的嗎？

就拿我經常分享的財務思維來說，很多人問我：「為什麼很多賺大錢、致富的人，到頭來還是沒有很開心、快樂？是不是生在福中不知福、不知足？」每每被問到這問題，我就會說：「答案都在你的問題當中了。」

我們必須思考，如果你的目的是「很開心、很快樂」，那麼你努力賺錢的時候，是不是能夠獲得「開心和快樂」的目的？世界上有很多方法可以讓你開心和快樂，而賺大錢只是其中一種方式，甚至只是一個過程。所以我常常提醒自己：

> 金錢是目標，
> 但不是目的。

所以問自己想要的目的是什麼，然後回頭想想有哪些方法可以達到，才不會驟下結論，以為賺錢是最重要的方法，結果把全部精力都放在上面，卻離你的目的愈來愈遠。

回到開始的三個情況，如果「想要身材苗條、想要賺錢獲利、想要孩子自律」是你想達到的目的，那我們或許可以多用點心來「界定問題」，看看到底有哪些方法可以達成目的，先別急著下結論。

用麥肯錫的SCQA思考法來界定問題

麥肯錫的金字塔原理，有一個名為「SCQA」的四步驟思考法，是幫助我們「界定問題」非常好的工具。

- 情境S (Situation)：期望或穩定的狀況。
- 衝突C (Complication)：發生顛覆穩定的情況。
- 議題Q (Question)：解決衝突的觀點有哪些。

● 解答A (Answer)：針對課題各種替代方案。

圖 13-1 SCQA 思考法

S-情境	C-衝突	Q-議題	A-解答
期望或穩定的狀況。	發生顛覆穩定的情況。	解決衝突觀點有哪些。	針對課題各種替代方案。

界定問題	分析問題 MECE （下一章會說明）	評估方案

情境S（Situation）是我們期望或者是穩定的狀況。就像前面的三個案例，如果體重沒有增減、沒有發現任何人在股票上大賺一票、也沒聽見其他父母說孩子學鋼琴的好處，那麼我們的心情肯定波瀾不驚。

但是自己變胖了、身邊有人買股票賺錢了、朋友說孩子學鋼琴會變自律變乖，那麼第二個階段衝突C（Complication）就發生了，也就是打破了原來我們波瀾不驚，心情穩定的狀況。

根據前面描述，經歷了情境S跟衝突C之後，就直接跳到了解答A（Answer）。

減肥就去節食、別人股票賺錢我也跟著買、其他父

母建議學鋼琴，我也幫孩子報鋼琴課。

很明顯地，我們直接跳過了議題Q（Question）這個步驟，換句話說，當問題發生的時候，我們到底有哪些觀點可以來解決我們心中的衝突。就拿身材變胖來說，在決定節食之前，我們其實可以從其他不同的角度和觀點來自問：

> 「是真的變胖，還是回到適當體重，BMI值還
> 在正常範圍嗎？」
> 「是突然變胖，還是慢慢變胖？有特別吃什麼
> 高熱量東西嗎？」
> 「生活作息有哪裡不正常而導致發胖嗎？」
> 「身體除了發胖，有其他警訊嗎？」
> 「到底是真的發胖，還是有水腫的情況？」

如果稍微用點心，一旦出現任何不同於期望或是擾亂平靜日常的時候，先問自己一些問題，我們就可以透過不同角度和觀點來看待問題。

這也就是為什麼從「情境S」（期望或穩定的狀況）到「衝突C」（發生顛覆穩定的情況），會用Complication。這裡「衝突C」的英文單字Complication代表「複雜」，也可以解釋成，單一事件發生的時候，不

會只存在一種單純的角度和觀點。

我們最好透過持續不斷的提問，也就是 Q（Question），才可以釐清我們真正想要達到的目的，也才能夠真正對症下藥，找到好的方案。而不是簡簡單單因為變胖了，就給了需要「節食」的結論。

就像很多人採用「節食法」減肥，短時間之內雖然達到減肥的目的，但是一陣子又會復胖。究其原因，有可能是因為飲食習慣所造成的肥胖，而節食改變了短時間的飲食習慣，但是達到理想體重之後，一旦恢復原來飲食習慣，復胖就成為了必然。

相信沒有一個變胖的人，喜歡不斷經歷復胖循環而反覆減肥。在這種情況之下，如果維持苗條身材是關鍵目的的話，那麼採用的方法就不是節食，而是全新的生活和飲食習慣。就像一位令人尊敬的營養師曾經說過，減肥減的……

> 不是肥胖，
> 而是習慣。

利用SCQA的方法，一開始釐清問題的界定方式，可以避免讓自己陷入單一結論的成見裡。簡單來說，就是

在下結論之前，不妨給自己來三下：

停一下、
等一下、
問一下。

讓自己緩一下，
結論別太快下。

　　看看有什麼不一樣的假設，不一樣的角度，不一樣的觀點，順藤摸瓜追根究底，如此不僅可以擴張自己「歸納」的邏輯，也有機會強化自己「演繹」的能力。

破除侷限認知邏輯的「價值習慣」

　　我們稱「個人」叫做「自然人」，公司叫做「法人」，所以個人可以運用邏輯思維，公司當然也是如此。

　　創新大師克雷頓・克里斯汀生（Clayton M. Christensen）曾在著作《創新的兩難》（*The Innovator's Dilemma*）裡面所說，很多企業在面對商業競爭的時候，

常常會陷在「狹隘或者成見的角度」看待問題，因此讓結論和決策把公司帶向險境。在該書中，克里斯汀生把這種「狹隘或者成見的角度」稱之為「價值網絡」。而我將其稱為「價值習慣」。

舉例來說，在汽車尚未問世之前，世界上最快的交通工具，除了雙腿之外，就是馬車。所以如果想增加交通工具的競爭優勢，你問馬車經營公司，又或者是需要馬車的客戶，想擁有更快的交通工具會是什麼？

大概你只會得到兩個答案，其一就是更換腳程更快的馬，像是把普通馬換成赤兔馬或汗血寶馬；其二就是增加馬匹的數量，像是從原來2匹馬拉一台馬車，變成4匹馬拉一台馬車。

你可能會問，為什麼沒有汽車這個選項？答案非常簡單，因為汽車當時尚未問世啊！

所以在當時人們的腦袋裡，沒有「汽車」這項商品。更不要說還有火車、高鐵和飛機，以及之後陸陸續續發明出來速度更快的交通工具了。如果哪一天真的出現小叮噹（多拉A夢）的任意門，到時候世界上可能不再需要其他的交通工具了。換句話說，所有的交通工具都代表著一種「價值網絡」，或者說是「價值習慣」。而且是一種會主導並且侷限我們認知邏輯的「習慣」。

同樣的例子，在「便利超商」還有「線上外賣」

尚未普及的時候，如果晚上想要吃宵夜，那麼選項非常直覺和簡單，就是來一碗方便麵或速食麵。到了現在，晚上如果肚子餓，這時你問自己想要吃什麼？答案一定不只方便麵或速食麵，而是可以在便利超商買到，或者是外賣網站上面的選項。從這兩個簡單案例我們可以看到，界定問題和不同結論的演進：

案例一：交通工具

更快的馬車？（更快的馬、更多的馬）
更快的交通工具？（汽車、火車、飛機）
更快的移動？（任意門）

案例二：選擇宵夜

方便的泡麵？（統一麵、康師傅）
方便的商家？（便利超商、夜市）
方便的任何想吃食物？（外賣）

換句話說，客戶和供應商彼此之間所形成的「價值網絡」，甚至是日常生活型態的「價值習慣」，就成了制約他們在界定問題邏輯時的角度和觀點。

如果用演繹法第一性原理，打破砂鍋問到底的概念來看，我們要的從來不是馬車，甚至不是交通工具，而

是根本地零距離「瞬間移動」。而晚上肚子餓的時候，我們要吃的也不是泡麵，或者是便利超商的食品，而是「想吃什麼就吃什麼」。所以有兩句話說得好：

> 產品是滿足需求的載體；
> 需求是滿足欲望的載體。

所以，

> 打穿需求，直達欲望，
> 得欲望者，得天下也。

> 從問產品，
> 到問需求，
> 到問欲望。

總之，界定問題可以說是打蛇打七寸，問對問題才可以找對答案。當然，提問本來就不是一件容易的事情，更何況要問「對」問題。所以在不確定是否能夠直指核心的提問之下，接納不同的觀點，容許多一點的角度，就可以給自己更寬廣的視野和更多的選擇權。

不同的問題，不同的答案；
多一點問題，多一點答案。

不同的觀點，不同的視野；
多一點角度，多一點選擇。

應用工具

1. 引導提問

英國學者羅貴榮（Roger Greenaway）提出「動態回顧循環」（Active Reviewing Cycle）的引導技巧，歸納出4F提問的方式：

- **事實**（Facts）：可以從不同人的眼中，針對發生的事件，提出不同的觀察和觀點為何？

- **感受**（Feeling）：除了外在的事實，經過每個人情緒的感覺和直覺，可以提問了解他們轉化成為內在的感受是如何？

- **發現**（Finding）：不管是個人或者是群體，都會有獨特的認知和經驗，透過觀察外在的事實、內在感受的轉化之後，結合過去的經歷，可以提問會有什麼樣的思考和判斷發現？

- **未來**（Future）：所有待解決的問題都是針對未

來，所以從上面的提問過程當中，可以想想針對未來你會有什麼樣的想法和選擇？

圖13-2 4F提問引導流程

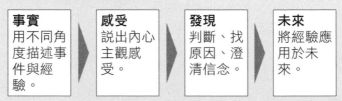

事實	感受	發現	未來
用不同角度描述事件與經驗。	説出內心主觀感受。	判斷、找原因、澄清信念。	將經驗應用於未來。

這種界定問題引導工具，建議最好找很多人或小組進行，可以有更多元的面向，以及更廣泛的思維邏輯。

2. 拆解問題

避免讓問題本身成為單一一個問題，所以另外一種非常簡單的方式，就是直接拆解或質疑問題。舉個例子，如果有人問你：「為什麼我學習了這麼多知識，人生還是一團糟？」遇到這種問題，我們可以拆解或是質疑式的反問：

「什麼叫做人生一團糟？過得好是什麼意思？」

「你這一生過完了嗎？」

「你學習了多少？」

「什麼叫做學習了很多知識？」

「學習的知識你有拿來應用嗎？」

「學習很多知識，跟過好這一生有什麼直接關聯？」

「你怎麼知道你不學這麼多，這輩子不會更加淒慘？」

透過這些反問和反思，可以釐清問題的本質。需要特別注

意的是，拆解問題並不是為了抬槓，而是避免直接回答跳入結論，落入了答非所問或者是鑽牛角尖式的辯論當中。

(課後練習)

1.如果有人提問：「如何在年輕的時候達到財富自由？」試著和朋友一起針對這個問題，提出拆解和質疑式的反問。接下來，重新針對這個問題，定義出新的問題，然後試著看看能否給出一個讓自己和朋友滿意的答案。

2.針對目前自己的工作狀態，利用4F的引導提問，從「事實」的角度，看看目前工作性質、薪資、時間……是什麼樣的狀態？然後問問自己的「感受」，不管是壓力、負面情緒或者是熱中的事物？接著讓自己思考，從事實和感受當中有哪些「發現」？隨著你的發現，對於自己的「未來」有什麼樣的啟發？

第 14 章
分析問題：框架

> • 知識分類就是問題解決框架
> • 分析問題就找對應解決框架

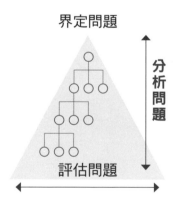

界定問題

分析問題

評估問題

　　記得很多年以前，智慧型手機尚未普及，大家習慣
坐在客廳看電視的年代，某一天看電視的時候，節目主

持人正在訪問一群已婚女性對自家老公看法。

　　靜謐空氣裡，突然從螢幕裡傳出了清亮的嗓音，其中一位已婚女性對主持人說：「你都不知道喔，我老公的星座是處女座，有夠龜毛的。」然後，就聽到電視內其他老婆異口同聲地驚呼：「哎呦喂！」

　　接著，就看到老婆轉頭兩眼直盯盯地看著我，我當然能夠讀出她眼中傳遞出來的清楚訊息：「蝦米？你很龜毛！」平常對星座沒有研究的她，突然有了新的認知。對，敝人在下我，就是處女座。

　　接下來，又聽到另一位已婚女士說：「處女座有什麼好大驚小怪，我老公的血型是AB型，那個神經質喔！」然後，就聽到電視內其他老婆異口同聲地驚呼：「哎呦喂！」

　　最後，就看到我老婆「再度」轉頭兩眼直盯盯地看著我。當然我也能「再度」讀出她眼中更加堅定的訊息：「蝦米？你很神經質！」平常對血型沒有研究的她，突然有了新的認知。對，敝人在下我，就是AB型。

　　這個時候，聽到電視主持人語帶安慰地對這些已婚女士說：「要惜福啦，還好你們老公不是處女座AB型，這已經算是不幸中的大幸了。」這句溫暖的安慰如同五雷轟頂！「哇哩咧！」心中立刻冒出許多驚嘆號。

　　這是哪門子的安慰？安慰了節目來賓，卻堵死了

老子的後路。我戰戰兢兢轉頭望向老婆，沒想到映入眼簾的，竟是面帶柔和的目光，他淡淡地對我說：「龜毛嘛，是有一點！神經質嘛，是有一點！不過也還行吧。」

自此以後，只要是老婆在和我「溝通」的情況裡，經常出現「龜毛」或者是「神經質」一點都不奇怪了，我三不五時就會聽到：「他是處女座AB型的，你還能有什麼樣的期待？」彷彿我的星座和血型，一下子就有了分析問題的明確原型。

利用麥肯錫的MECE概念
來避免對號入座

簡單來說，只要「對號入座」，然後「誠懇認錯」，很容易就可以「搞定太座」。其實，「對號入座」的案例在我們生活當中比比皆是。每當要分析問題，很多的時候我們都是「帶著答案，找答案」。

就像前面針對個性的分析，就是帶著星座和血型這種已經有著分類好的答案，再看看能不能找到每個「人」能夠「匹配」的答案。

哲學家約翰‧杜威（John Dewey）曾經說過：「知

識是用來解決問題的。」愛因斯坦（Albert Einstein）也曾經說過：「知識唯一的來源是經驗。」所以不管是日常生活也好，又或者是工作職場也罷，甚至更深層次的探索生命及追求意義，其實都代表各種不同類型的問題。

而透過世世代代經驗累積，彙整流傳下來之後，自然而然形成了不同歸類分組的解決框架。就算碰到新的問題，沒有辦法用舊有的框架來解決，也能藉由新的問題持續累積新的經驗，持續擴大框架的範疇，進而在未來分析問題的時候有更多參考的方向和空間。

> 經驗能形成知識分類基礎；
> 知識能提供分析問題框架。

麥肯錫的金字塔理論裡面有一個概念叫做MECE，意思是「相互獨立，完全窮盡」（Mutually Exclusive Collectively Exhaustive），在分析問題時，可以運用MECE的框架概念來歸類分組。

什麼叫做「相互獨立，完全窮盡」？我們可以先想像一間屋子，屋子裡有著獨立的房間，而所有獨立的房間組合起來就構成了一間屋子，以房子來說：

> 所有房間彼此都各個是「相互獨立」的；
> 所有房間組成對屋子是「完全窮進」的。

圖 14-1 建立框架並在裡面找答案

步驟1 先把問題答案框起來→整間房子的空間。

步驟2 分類與群組→每間房間「相互獨立不重疊」，而且「沒有遺漏」任何一個空間。

步驟3 然後在框框裡面找答案→在每個空間裡找鑰匙。

　　舉個例子來說明，假設某天早上你出門準備開車上班，走到車子旁邊才發現自己忘記帶車鑰匙。這個時候如果你走回家裡，從最可能放車鑰匙的地方開始找起，但是地毯式搜索屋子裡的每個房間之後都沒有找到，那麼只剩下兩種可能：

- 家裡有其他密室：如果車鑰匙確實在房間裡面，那麼在「相互獨立，完全窮盡」這個假設前提之下，就代表還有其他的密室，而鑰匙就掉在那裡面。

- 車鑰匙不在屋子裡：既然所有房間都是「相互獨立，完全窮盡」，那麼如果找不到的話，車鑰匙可能不在這屋子裡面，而在其他的地方。

如果把「在房間裡面找車鑰匙」，當成是「在框架裡面找尋答案」，那麼家裡有其他密室的情況，就代表在框架之中有我們忽略的「分類」；而車鑰匙不在屋子裡的情況，則代表答案存在另一個「框架」裡。不管是第一種或第二種情況，對於分析問題的結果來說，都是一種「知識邊界的擴張」。

其實MECE這種「帶著框架找答案」的方法，是我們生活當中非常習以為常的應用和模式。就像春、夏、秋、冬4季是比較大的分類，但是對於古早看著天候吃飯的人們，就需要更細緻的24節氣框架，幫助他們處理在不同的時節，面對各種不同春耕、夏耘、秋收、冬藏的問題。

另外，我們去看醫生，除非不清楚自己生什麼病，得先靠家庭醫生幫你初步診斷之外，不然所有的科別都是非常明確的框架：內科、外科、婦產科、小兒科、

精神科、泌尿科，新陳代謝科等等，把所有的問題（疾病部位）分門別類，讓病人可以更明確、迅速地分析問題、找到答案。

> 分析問題找框架；
> 分析框架找答案。

案例：利用MECE概念
分析行銷和投資策略

既然「框架」是知識的分類、經驗的累積，而且「框架」又是分析問題到尋找答案中的一個重要指引。那麼持續不斷「擴張框架」，就是自我成長的重要關鍵，也會讓我們從分析問題到尋找答案的道路上有更多的選擇。

就像小時候學物理的萬有引力，對牛頓（Isaac Newton）的發現崇拜不已，沒想到一顆蘋果從樹上掉下來，就能夠有這麼大的啟發和魔力。不過等到愛因斯坦發明相對論，就有人說愛因斯坦比牛頓更偉大，「推翻」萬有引力。

看到這裡我們應該能夠理解，「知識」是持續不

斷擴充框架的概念，所以從來沒有什麼推翻不推翻的問題，只有持續不斷的擴張人類的理解、知識邊界，讓框架的範圍不斷變大而已。

　　從牛頓在地球的框架裡發現萬有引力；愛因斯坦擴張到宇宙框架之後的相對論；再到微觀世界框架的量子理論；現在還有多元宇宙空間框架的弦理論和M理論，這一切就像拼圖一樣，一塊一塊擴張知識框架，都再自然不過了。

> 知識不是用來推翻，
> 而是持續不斷擴張。

　　因此，MECE概念可以簡單定義為在分析問題的時候，先建立類似問題的框架，並假設答案就在框架裡面，然後開始尋找答案。

　　如果在框架裡面找不到答案，除了可以重新看看框架內是不是有新的「分類」之外，也可以試著思考是不是有其他的「框架」。舉例來說，企業內部最常碰到的問題，大概就是如何制訂行銷策略和投資策略，例如：

- **行銷策略**：在現有的產品組合或服務之下，如何最

大程度地提高客戶的買單，也就是銷貨收入？

- **投資策略**：在未來的發展藍圖當中，要選擇什麼樣的產品組合或服務，讓企業有限的資源能夠得到最大的回報？

在這種情況之下，我們要分析問題，就可以分別建立兩種不同的分析框架當參考：

行銷策略：銷售漏斗模型

所謂銷售漏斗模型，就是把所有會影響銷售的因素或變數，歸類成六大分類，分別是商品、通路、流量、轉化率、客單價及複購率。

- **商品**：提供不同種類以及搭配的商品和服務，是所有商業行為基礎，如果沒有東西賣，就沒有任何收入。所以商品的數量是第一個重要變數。
- **通路**：所有商品都要在通路上架才能夠販售。不管是線上或者是線下，所有商品必須靠通路才能夠傳遞價值，有機會「被看見」。通路愈多，被看見的機會就愈高，所以通路的數量是第二個重要變數。

- **流量**：商品要被客戶看見才有意義，如果通路的客戶愈多，就代表流量愈高，被看見的頻率也就愈高，所以流量是第三個重要變數。

- **轉化率**：銷售商品也要有客戶買單，因此轉化率是買單的開始，也是累積銷貨收入的開始。如果100位客戶流量中有10位客戶買單，那麼轉化率就是10％，如果有20位客戶買單，那麼轉化率就是20％。轉化率愈高，代表的銷貨收入也就愈多，所以是第四個重要變數。

- **客單價**：轉化率代表客戶開始買單，而客單價代表買單的多寡。就像一家麵包店，客戶買一個麵包20元，以及買了5個麵包100元，我們當然希望他買100元，或者是愈多愈好。愈高的客單價，就代表收入愈多，這是第五個重要變數。

- **複購率**：你心中一定期望客戶今天買，明天繼續再買，最好天天都來買，這個就是複購率，亦即重複購買的頻率，屬於銷售漏斗第六個重要變數。

　　根據這六個變數，我們希望將MECE的概念應用到增加銷貨收入，透過銷售漏斗模型「相互獨立，完全窮盡」盡可能完整分析問題。更重要的是，這個框架可以讓大家在分析問題的時候，有一個共同邏輯，循序漸進

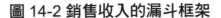

圖 14-2 銷售收入的漏斗框架

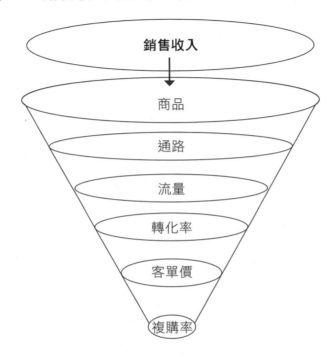

銷售收入

商品

通路

流量

轉化率

客單價

複購率

地透過不同變數，找到如何增加銷貨收入的答案。

投資策略：總資產報酬率

不管是公司也好、個人也罷，投資最重要的目的在於，將稀缺有限的資源持續不斷地放大。所以總資產報

酬率（Return on Asset）是一個非常好的衡量指標。一般我們把現金存放銀行，銀行給我們的「利息收入」是一種最直觀的報酬，而「存款利率」就是一種最簡單的總資產報酬率。

總資產報酬率由兩個非常重要的變數組成，分別是「淨利率」，和「總資產週轉率」，這兩個變數也能幫助我們分析問題，並且決策如何投資能夠獲得更高總資產報酬率的重要框架。

例如：A、B兩個投資案子都需要投資100萬：

- A案子銷售額100萬，淨利50萬，也就是淨利率50%。
- B案子銷售額100萬，淨利只有6萬，也就是淨利率6%。

在這個條件之下，看起來是A案子比較好。但是如果加上「時間」這個條件，單看一年的銷售情況。結果發現：

- A案子每年銷售一次100萬，賺了50萬。
- B案子每個月銷售一次100萬，淨賺6萬，一年則賣

出12次，淨賺了72萬（6萬x12月）。

在這種情況之下，A案子的總資產報酬率是50％（淨利50萬/總資產100萬），而B案子總資產報酬率是72％（淨利72萬/總資產100萬），所以是B案子勝出。如果用公式的框架來看：

A的總資產報酬率

＝淨利率 50％ x 總資產迴轉率 1次

＝50％

B的總資產報酬率

＝淨利率 6％ x 總資產迴轉率 12次

＝72％

換句話說，雖然說B案子淨利率很低，但是總資產週轉率夠高，在「薄利多銷」的情況之下，也能夠得到很高的總資產報酬率。

透過案例解釋，我們在分析投資策略（問題）的時候，總資產報酬率的兩個變數「淨利率」和「總資產週轉率」，可以當做非常好的知識框架。用大白話的概念來說明，其實淨利率就是看看生意是否「賺得多」，而

週轉率就是看生意是否「賺得快」。

> 賺得多就是效能；
> 賺得快就是效率。

　　以兼顧「效能」和「效率」的框架來解讀總資產報酬率，在分析投資策略的問題上會更加明確。

應用工具

1. 尋找框架

書籍和論文是非常好的工具，讓我們針對各種不同的問題有了依循參考的框架。所以每當我們要分析問題的時候，可以參考相關書籍或者是研究論文。然後選擇一個與研究問題互相匹配的框架來做為分析問題的基礎。

2. 建立框架

框架除了過去知識之外，也可以透過自身的經驗來建立。由於每一個人的經驗都不一樣，所以分析問題當中使用的框架也不一定相同。學習「歸類分組」建立自己的分析框架，可以不限時間空間隨時刻意練習。

分類沒有對錯，只有切合需要。可以依照MECE的概念，「相互獨立，完全窮盡」，分析問題的時候可以分別羅列

出變數，形成屬於自己的框架。一般常見的有「人、事、時、地、物」「5W1H」都可以當成是建立框架的基礎。

課後練習

1. 把自己過去的經歷和學歷進行歸類分組，做一個屬於自己的「能力框架」，並從中分析哪些能力是自己的「強項」，哪些能力是自己的「興趣」。根據這些強項和興趣，推測自己未來適合的工作樣貌，以及可能的獲利方式。

2. 選擇一個你目前特別想要解決的問題或者是課題，不管是求學、投資、轉職、斜槓、婚姻、育兒、減肥、運動等等，試著收集相關專業的書籍或論文，建構一個匹配自己想要分析問題的框架，進而在框架內尋找課題的答案。

- 擴張邊界才有更多選擇
- 更多選擇才能善用資源

界定問題

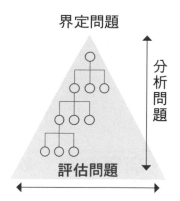

分析問題

評估問題

分析問題就像醫生看診的望、聞、問、切，真正理解病兆所在，才能夠擬定各種不同治療方案以及對病人

的影響，最後對症下藥，給予適切治療方案的選擇。

至於評估方案是分析問題之後，非常重要的最終決策過程，一般來說，我們可以把它分成三個部分：

- 窮舉方案：多列點子。
- 效益評估：優劣排序。
- 資源評估：量力而為。

圖 15-1 決策三原則

窮舉方案	效益評估	資源評估
根據框架 變數建立 多種方案	評估方案 所有效益 進行排序	根據資源 可用狀況 進行決策

決策過程一、窮舉方案：多利點子

拿前一章曾經提到的行銷策略來說，如果純粹討論如何增加銷貨收入，在沒有任何分析問題的框架之下，常常就只會著眼於各種不同的「銷售工具」或者是「促銷手法」。

　　這個時候所定出來的方案，主要聚焦在強化讓客戶買單、買得更多，甚至買得更頻繁。換言之，只看銷售漏斗模型框架的後三個部分，「轉化率」「客單價」和「複購率」。

　　但是當我們有了更寬泛的分析框架之後，就可以從銷售漏斗模型裡面知道，不管你做了多好的行銷或促銷方案，如果「商品」「通路」或「流量」出了問題，一味提升銷貨收入也可能事倍功半，甚至是無濟於事。

　　就像農產品大多靠天吃飯，如果碰到風災、雨災或者是旱災，沒有「商品」可賣，那麼再怎麼好的促銷方案也沒用。同樣地，如果商品本身不具備市場競爭力，就像當智慧型手機的照相功能，凌駕超越一般數位相機的時候，仍然堅持生產一般型號的數位相機，就很難透過促銷手法翻轉業績。

　　另一個比較極端的例子是在新冠疫情全球擴散期間，很多封城的策略就讓實體的「通路」，還有相關「流量」瞬間趨近於零。在這種情況之下，所有促銷行為就必須重新規畫，從線下實體轉移到到線上「通路」，或者加強線上「流量」，才能夠增加銷貨收入。

　　這裡我再以銷售漏斗模型來舉例，想要增加銷貨收入的前提之下，採用窮舉法思考各種不同的方案包括：

- **商品**：增加商品、重組商品、增加服務、重新定位等等。

- **通路**：線上轉線下、線下轉線上、同時線上線下、異業通路結盟、增加同類通路、增設不同類通路、轉換通路模式（直銷、分銷）等等。

- **流量**：線上導流、線下導流、直播導流、社群媒體引流、KOL導流、異業導流等等。

- **轉化率**：限時特價、折扣優惠等等。

- **客單價**：第二件半價、滿額禮等等。

- **複購率**：期間優惠、訂閱經濟等等。

　　總體而言，有了框架為基礎後盾，思考方案的時候會有更多元的觀點，以及更廣泛的思路，當然才有可能發掘更好的機會。

> 想要一個好點子，
> 先要有很多點子。

　　透過「窮舉方案」的概念，可以避免在決定方案的時候，一不小心掉入「我認為」「我覺得」「我喜歡」的成見陷阱裡。當然偏好某個特別的方案並沒有不好，重點

在於該方案要確實能夠解決問題的「目的」，才不會因為
自己的好惡，一不小心失去了選擇更好方案的機會。

> 方案不只為了喜歡，
> 方案更是為了選擇。

　　就像我們從小唸書，父母常常耳提面命要好好用
功，將來長大才能找個好工作。但是為什麼要找個好工
作？當然是為了要賺錢啊。所以說，父母不僅要我們好
好用功，然後找個好工作。更重要的目的，是希望我們
未來能夠透過用功，找到好工作，有更好賺錢的機會。
但是賺錢的方法不會只有工作一種選項，現在我可以提
供你賺錢的三種框架：

- 透過自己幫自己賺錢；
- 透過別人幫自己賺錢；
- 透過金錢幫自己賺錢。

　　突然之間，是不是賺錢這件事不再只有「工作」這
一種選項，而是可以有三種不同的選擇機會：

- 找個好工作；
- 創業當老闆；
- 投資做股神。

當選擇變多了，你不僅可以思考「賺錢」的目的，還可以找到更接近自己「喜歡」的方案，名副其實的一舉兩得。所以我才說「多一點點子」，你會更容易得到「好一點點子」。

決策過程二、效益評估：優劣排序

窮舉方案的目的，當然是希望在眾多方案當中，進行效益評估，選出好的方案，這就是前面所說的從「多一點點子」當中選出「好一點點子」。在這邊要提醒大家，做效益評估的時候，不要忘記隨時重新檢視一下方案最初的目的（本質）。避免看起來選擇了一個好方案，但是沒有解決根本問題。

就拿大多數人會遇到的「買房置產」的投資決策來說，當走到效益評估這個環節，通常問題都出在要選擇什麼區域的房子？選擇什麼建商蓋的房子？選擇什麼格局的房子？甚至是在一棟大樓裡面，要選擇哪一樓層，

又或是哪一間房子？

　　換言之，既然決定要買房子，那麼所有的評估當然聚焦在要選擇什麼樣的「房子」？但是，每當我詢問為什麼要買房子？很多人都語塞回答不出來，或者是乾脆慫我說：「買房子還需要問為什麼嗎？」態度比較好一點或者是比較有耐性的人，就會回答我說：「房子抗通膨啊！」或是「買房子才有家的感覺啊！」「有土斯有財，有房就是有財產，也是資產啊。」

　　這個時候，如果我再拋出一個簡單的問題，詢問想要買房的人：「如果你現在知道未來一年房價會跌，而且股票、債券、基金或其他金融商品在未來一年之後會有10％的獲利，那麼現在你還會堅持要買房嗎？」

　　大多數的人幾乎不假思索地回答說：「那當然先把錢放在賺錢的地方啊，等到有一天確定買房能夠賺錢，而且賺得更多的時候，再把錢拿去買房。」

　　看到這裡，我想大家可以很清楚的知道，其實買房這件事情，不管是自住還是當房東租給他人住，本質上就是一種「投資」。既然是一種投資，就不應該只把方案放在「房子」上面，只評估在不同區域、不同房型和不同樓層之間的房產效益，而應該評估買房跟投資股票、債券、其他金融資產，甚至各種不同的投資工具之間的效益，如此才符合我們真正想獲取最大「投資收

益」的目的。

　　這也就是為什麼巴菲特拗不過他老婆的要求，在二女兒出生之後才用$31,500美金買了第一棟房子，還戲謔地把這棟房子命名為「巴菲特的蠢事」，因為他認為如果不買房，經過12年的複利之後，這些錢可以變成$100萬美金。換句話說，巴菲特覺得買房不在他的投資效益優先級別上。所以，在評估效益的時候你必須……

> 不僅著眼當前方案，
> 更要反思本質目的。

　　再拿前面找工作的案例來說明，當我們好好讀書學成畢業之後，如果擺在你眼前的方案，只有各式各樣不同的「工作」，那麼再怎麼選擇，也只能評估眼前各項「工作」之間的效益。

　　如果回到問題的本質，以及我們真正想要的目的，像是累積財富、透過財富爭取時間自由，進而找回人生的主導權。那麼除了工作之外，不管是創業也好，又或者是利用錢賺錢的投資也罷，都應該是我們要考慮的方案，也都應該列入效益評估的項目。

決策過程三、資源評估：量力而為

　　效益評估之後，原則上就可以進行方案的選擇。但是所有方案在執行過程當中，都需要資源的投入，如果方案再好，遇到資源不足或是沒有資源，也沒有辦法成為最後的選項，這就是為什麼資源評估能讓我們量力而為，也成為評估方案的最後一個關鍵的步驟。

　　像是很多人告訴我說，租房子實在是不划算，付了那麼多租金，房子還是房東的。在這種情況之下，與其租房，還不如買房，儘管買房需要繳貸款，但是貸款其實就跟租金一樣，最後貸款付完了，自己還得到了一間房。

　　這個邏輯聽起來很合理，但是當我問對方：「那你有買房的頭期款嗎？」得到的答案卻是：「目前還沒有。」

　　那就對了！當你連買房的頭期款都還沒有，就代表你還沒有足夠的資源做出租房和買房的決策選擇。你只能被迫做出租房的決定。接下來你要做的，就是花最少的租金存更多的錢，為未來買房或是投資賺錢做好準備。而這一連串的過程就是資源評估。

　　也就是說，在資源不足的時候，我們或許有最好的效益評估方案，但是只能選擇資源不足的次佳方案。而更好的效益評估方案，就成為我們接下來努力的目標。

> 方案的選擇，未必匹配現有的能力；
> 能力的準備，就是為了更好的選擇。

　　就像前面說的賺錢方式一樣，也許你會想要創業賺錢，又或者是學股神一樣投資賺錢，因為你會覺得這樣的賺錢方式，具有更大的效益。但是當你沒有創業資金，又或者是沒有足夠的投資基金，那麼先認認真真、勤勤懇懇的工作賺錢，慢慢存錢累積自己的第一桶金，讓自己有足夠的資源創業或者是投資，就是資源評估之後，選擇次佳方案的最好決策。

應用工具

1. 投資回報：投資評估方案

通常在評估方案的時候，最常遇到的核心決策是怎麼讓原來稀缺資源變得更多，也就是我們常說的要有更多的回報。在第14章教你的總資產報酬率，可以當做衡量投資回報的工具。進一步透過比較不同方案的總資產報酬率，來決定評估方案優先次序的選擇。

總資產報酬率 = 淨利率x總資產週轉率

2. 時間模式：價值評估方案

通常除了金錢回報之外，「時間價值」也是評估方案當中的決定要素。所以「花費時間多寡」，以及是否能夠「擴大時間資源」，都可以成為重要的評估方案關鍵。我提供三種不同以「時間」為要素的個人商業模式，做為你價值評估的參考：

- **模式一**：一次性出賣自己的時間。像是打工或者是上班，這種時間使用的局限在於自己生命的長短。
- **模式二**：多次性賣出自己的時間。例如：寫書出版、唱片錄音或是線上課程，這種時間的使用方式能夠擴展自己生命的長度。
- **模式三**：買進別人時間，再賣出去。例如：當老闆，招聘員工為你工作；又或者是買股票，讓股票公司背後的員工為你創造價值。這種時間使用的方式，能夠擴展並連接自己與他人的生命。

這三種模式的核心關鍵在於，評估如何更好地使用時間，以及擴大生命當中的時間資源。

(**課後練習**)

1. 以自己目前現有的工作方式或生活方式為例，用上述使用時間的三個模式來評估自己，看看哪些正在執行的方式能夠擴大自己對於時間的使用價值？而哪些正在執行的方式又不利於自己，以及應該如何修正？

2. 以自己或家人任職的公司來看，用總資產報酬率這個工具，來分析公司的產品能否為公司帶來更好的價值。分別比較

「淨利率」及「總資產週轉率」兩個關鍵要素：

- 淨利率 = 全年稅後淨利/全年營收
- 總資產週轉率 = 全年營收/全年平均資產總額

第16章

行動致勝：持續

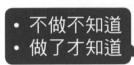

- 不做不知道
- 做了才知道

界定問題

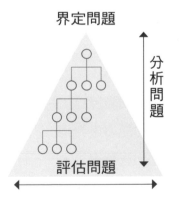

分析問題

評估問題

　　記得小時候碰到大人聊天總喜歡插嘴問兩句：
「什麼是找工作？」「什麼是轉換跑道？」「什麼是

戀愛？」「什麼是音樂排行榜？」「什麼是國際棒球比賽？」「什麼是早生貴子？」

大人有耐心的時候，會用你聽不懂的話跟你解釋半天，雖然你還是聽不懂，但是你會帶著被尊重的笑容滿意地離開。而更多的時候大人們會拋下一句：「到時候你就知道了啦！」然後就把悻悻然的我們趕走了。

說實話，也不知道「到時候」是什麼時候。等到長大以後才知道，「到時候」真的就是「到時候」，說不準的，就是你經歷、碰上、面對的時候，自然就會知道了。

每個不同時期的「到時候」，你會成長，會知道的更多，會有著不同階段的「邊界擴張」。我簡單分成三種不同階段的「邊界擴張」：

- 持續學習，增加知識邊界；
- 持續練習，增加能力邊界；
- 持續研習，增加智慧邊界。

邊界擴張第一階段、
持續學習，增加知識邊界

很多人提到「邏輯思考」這四個字，就會直觀的

認為，有什麼樣的因會有什麼樣的果。就像讀書時期所有父母的想法都差不多，往往相信孩子只要取得好學歷（因），未來應該就可以有好的成就（滿意的果）。

實際上，成長過程中我們會發現，世界運行法則並不是我們想像的這麼簡單。除了有讀書、學歷這個「因」之外，每個人的成就，還包含所學專業的產業趨勢、有無貴人相助，以及每個人的不同個性、不同際遇，甚至是不同環境和世界局勢，都會影響我們預期的「果」。

這些影響成就的「因」，都不一定什麼時候會讓我們碰上，不過一旦「到時候」面對了，我們需要做的就是迎向它，並持續不斷地學習，擴張我們的知識邊界，才能繼續朝向好的結果邁進。

不只是人生如此，記得高中、大學在做實驗的時候，就算按照教科書指示的步驟執行，也不一定會得到預期的實驗結果。這個時候反而成了最關鍵的學習時刻，我們有機會尋找是什麼原因影響了預期的結果。

除了做實驗，就連跟著影片中的廚藝大師一起做菜，也不見得能煮出一模一樣的菜色。但是只要願意開始學習，知識的邊界就會持續擴張。

記得一開始我是透過朋友介紹才知道Podcast這種自媒體方式，簡單地透過聲音，把自己當成是電台主持人

一樣，傳遞與分享各種的內容。

　　知道歸知道，但是因為不熟悉而遲遲沒有行動。直到有一天下午心血來潮，和幾個好朋友說：「我們就用手機隨便錄一段，開一個帳號嘗試做Podcast吧！」就這樣開啟了《郝聲音》Podcast的旅程，經營了一年多之後，不僅衝上了表演藝術類的榜首，還接獲了許多的廣告和業配。

　　說實話，這一切都不在我的計畫之內，但是透過一點一滴不斷地學習，實實在在地擴張了《郝聲音》Podcast團隊對自媒體的知識邊界。回想起來，最重要的關鍵在於，不要想太多，先「行動」就對了。一旦行動開始了，才會碰到各種不同的問題，才會藉著解決問題達到學習的目的，進而擴張知識的邊界。畢竟，知識就是拿來解決問題用的。

　　這時候也許會有人問，先行動難道不怕有風險嗎？

　　但是換個角度想，遲遲不行動雖然不怕遇上風險，但是什麼事情都沒有發生，沒有任何的學習機會，也沒有擴張自己的知識邊界，不也是一種人生風險嗎？

　　或許下面這三句話，可以當成「先行動，再思考」的參考：

> 不做不知道，
> 做了才知道，
> 輸得起就好。

先行動，然後考慮過風險，只要自己輸得起，一切的付出都是養分，都是未來茁壯的準備。

邊界擴張第二階段、
持續練習，增加能力邊界

學習開始之後，為了讓自己的知識更加的熟練，就必須進入第二個練習的階段。記得國小我剛學二胡那時候，老師告訴我每天練習的時間不需要太長，但是必須持續不斷地練習。

唯有不中斷地練習，才會慢慢有進步，提升能力的邊界。滴水穿石、鐵杵成針，說的都是時間力量、複利效應，能夠帶來巨大成果的道理。就像有句老話說的：「時間在哪裡，成就就在哪裡。」如果時間花在練習上面，那麼練習的技能自然而然就會提升。

依循這個概念，《郝聲音》Podcast開始運作的時

候，我就和團隊分享，整個節目企畫最重要的關鍵，就是身為主持人的我，能否行雲流水地傳遞內容，以及與來賓互動。當然，這一切的一切，還是仰賴持續不斷的「練習」。

因此，我們不把聽眾反饋和收聽率當成主要的指標，反而把「集數」設定為重要目標，第一個目標就是先做到100集。我們相信，只要持續不斷地練習，不管是內容掌握、來賓訪談、氣氛節奏等等的主持功力，一定會漸入佳境。

所以每一次訪談我們盡量不做任何剪輯，保留原汁原味的內容。如此一來，不僅降低製作的時間成本，更重要的關鍵還是在於，能夠把時間花在提升主持能力上。

做了差不多將近150多集之後，有一次一位朋友告訴我，他也開始做Podcast了，但是才製作一集就覺得好累。細問原因之後才知道，一集30分鐘的錄音，剪輯卻花了他將近4個小時。

我問他為什麼要花這麼多時間剪輯？他說因為聽了我的錄音之後，希望節目呈現的效果跟《郝聲音》Podcast一樣的流暢，不過他主持功力還不到家，所以只能靠剪輯來補強。

然後我告訴他，我已經錄了150多集了，每集都不做過多剪輯，就是把目標放在持續不斷地訓練主持能力，

讓節目很流暢、很專業。然後我接著問他，你知道如果一直剪輯下去的話，做到150集之後你會變成什麼專家嗎？他恍然大悟對我說：「剪輯師！」我說：「對！不是你期望的專業主持人！」

這是非常簡單的邏輯，「時間在哪裡，成就就在哪裡」，但是卻常被人忽略。

> 時間在哪裡，
> 成就在哪裡。

持續練習，把時間花在想要學習的技能上，那麼技能邊界就會持續地提升。而為了讓自己可以體會能力的變化和演進，「行動」也是不可或缺的核心關鍵。

邊界擴張第三階段、 持續研習，增加智慧邊界

除了靠練習提升能力之外，心態上也要持續地研習，讓自己蘊含智慧地探索事物的本質。

很多人也會問我，到底做自媒體有什麼價值？就像

一開始做《郝聲音》Podcast的時候又不賺錢，為什麼還要持續不斷學習如何做Podcast，為什麼還要持續不斷練習如何成為一位稱職的主持人？

會有這樣子疑問，就是把「賺錢」這個目標，視為做事或者是工作的基本邏輯。自媒體的本質真的是如此嗎？我很喜歡李笑來老師在《通往財富自由之路》一書中的兩個觀點：

- 能夠用錢買到的東西都是便宜的。
- 我們擁有最寶貴的財富是注意力。所以就財富價值的排序來說，李笑來老師認為應該是：注意力＞時間＞金錢。

認真思考一下上述的邏輯，你會發現有其道理。

就像我們希望擁有被動收入，或者是希望做金錢的主人，讓錢來幫我們賺錢，也就是透過投資來累積自己的財富。本質上，這種觀念就是希望用錢來買回我們的時間；買回時間我們才有底氣：有底氣就能將注意力放在自己想做的事情上。

依照這種思路和邏輯來看，雖然一開始製作《郝聲音》Podcast並沒有從聽眾手上獲取到任何金錢的財富。但是只要有人聽，我們就換到他們的時間，以及他們的

注意力，而時間和注意力可是比金錢更為寶貴的財富啊！

而且當我們做得愈久，專業能力愈來愈強，累積聽眾也愈來愈多，這個時候賺到聽眾的時間和注意力也持續不斷地成長，在這種情況之下，不管推出任何產品或服務，才有機會真正交換到金錢這個資源。

如果Podcast根本沒有人聽，自媒體沒有任何粉絲，也就是沒有人知道你是誰？那麼就算你在頻道上銷售再好的產品或服務，又怎麼能夠買單或者成交？

什麼是智慧？智慧就是從觀察到洞察的過程。理解賺錢很重要，但是能夠持續不斷提升自己的能力，讓更多人看見，抓住別人的時間和注意力，然後金錢這個財富才會隨之而來，這個就是追求本質的洞察力。

這也是為什麼「行動」這兩個字，是擴張智慧邊界的重要關鍵。沒有持續行動，是沒有辦法提升能力，和聽眾累積所帶來的「注意力」價值。

> 只有持續行動，才會一直被看見，
> 只有持續行動，才會一直去看見。

不做，想一輩子；
做了，講一輩子。

啥是邏輯？
這是邏輯！

應用工具

1. 遊戲設計

雖然「持續行動」很重要，但是最好要找到自己的熱愛，才會讓「持續行動」這件事情不顯得這麼費力和吃力。做自己喜歡的事情，就不用靠意志力堅持，而會有進入心流、上癮的狀態，這過程和玩遊戲的體會非常類似。所以在建立自己「持續行動」這個機制當中，加入遊戲化設計會很有幫助。遊戲化設計主要的重點有三個：

- 開始門檻很低；

- 即時獎勵反饋；

- 明確遊戲規則。

開始門檻很低

行動一開始不要訂定太大的目標，目標可以愈小愈好，讓自己像玩電動玩具一樣，一開始非常容易破關。例如：每天運動2分鐘、每次跑步1公里、每天讀2頁書、每天陪伴小孩閒聊5分鐘等等。簡單來說，門檻很低有三個好處：

- **降低防禦**：因為門檻很低，所以在行動的時候不會有痛苦的感覺，或是想到要做的時候心生抵禦的念頭，也就是不會啟動腦中的防禦機制。

- **快速達成**：還沒感到痛苦就結束了，因為行動的時間很短，或者是範圍很小，所以從開始到結束很快完成，也更容易持續下去。

- **優先級高**：日常生活中有非常多的瑣事，影響到我們真正想做的事情。當我們把門檻降得很低，會很容易產生「先把這件事情做完，再去做其他的事情」的想法，很容易持續達標。

即時獎勵反饋

遊戲最重要的本質，就是建立即時獎勵的反饋。我們未必像一般的電動玩具或者是手遊，一定要給寶物點數。因為把門檻降到很低的時候，迅速達標、甚至超標的成就感，以及持續行動所帶來的自信提升，就是一種非常好的即時獎勵。

試著想想看，每天只要讀2頁書、在房中走路2分鐘，就可以在行事曆上寫下達標紀錄。如果不小心多讀了4頁書、在房中多走4分鐘的路，達標的比例就是200%。一個月之後，當你看著滿滿達標或超標的行事曆，是不是很有成就感和自信心，也願意鼓勵自己持續行動下去。

很多人說找到自己熱愛的事情不容易，或許嘗試看看建立

各種事物的微小成就感，搞不好你可以在陌生的事物當中，不小心發現自己的熱愛。

明確遊戲規則

我們都清楚知道，遊戲的規則很明確，不會每天變來變去。如此一來，我們才知道可以經由什麼樣的努力來得到什麼樣的獎勵。

所以，每天讀2頁書、每天運動2分鐘的簡單遊戲規則，不用輕易改變，直到我們有新的突破，或者是更大的新目標。這就跟手遊破關升級的道理一樣。例如：我們將每天讀2頁書和每天運動2分鐘當成年度目標。過了一年之後，就可以重新設計目標，改為一個月讀一本書，每天跑步2公里等等。讓自己的規則跟著自己的習慣，持續地與時俱進。

2. 儀式設定

建立儀式感是一種讓自己進入行動狀態的好方式。以我為例，每天早上梳洗完畢之後，我會先泡一杯熱茶，打開輕柔的心靈音樂，然後做15到30分鐘的瑜伽。環繞在我身旁的茶香和旋律成了瑜伽運動的儀式感，讓我的身體狀態準備就緒，也讓我自然而然融入瑜伽的氛圍裡。

我的一位作家朋友，每天早上都會親自研磨咖啡豆，然後煮上一杯滿室生香的咖啡，做為他寫作之前，帶著滿滿幸福的儀式感。還有和我一起騎自行車的朋友，好幾位在騎車出門之前，都習慣把輪胎的氣打滿，然後再用乾淨的抹布稍微擦拭一下車身，做為騎乘之前的儀式感。儀式感除了是做某些特定的活動之外，安排「特定時間」做特定的事，也是設定儀式感的方式之一。

「儀式感」這個名詞來自於法國著名的童話故事《小王子》（*Le Petit Prince*）。書中狐狸對小王子說：「你最好每天同一個時間來。如果你不固定時間來，我就不知道如

何準備好我的心情。如果你是每天下午4點鐘來，那麼每天下午3點我就會開始感到幸福，時間愈接近4點，幸福感會愈強，我就能發現幸福的價值。所以說要有固定的時間做為我們的儀式。」

著名的哲學家康德（Immanuel Kant），每天下午固定4點多要啟程散步，似乎也是類似的道理。找到自己儀式感還有三個潛在的重要價值：

- **認真**：儀式感會傳遞一種「我準備好了」的訊息，不僅對外，更是對內在自我的宣示，讓自己對待行動有更認真的體悟。

- **信念**：同一種儀式，同一個時間，習慣性會讓自己適應這種流程，也會讓自己有堅定的信念可以持續下去。

- **期待**：認真對待，加上堅持信念，隨之而來的幸福感，是自己對行動結果的期待。這種期待，也會強化自己持續行動的動機與心態。

課後練習

1. 列出五個自己想要做、但是卻遲遲沒有開始的項目。然後針對自己的喜好進行排序。選擇排序最高的那一項當做試行方案，並透過前面說的「遊戲設計」，幫自己設定一個3個月到半年的行動計畫。

2. 延續前面的第一個課後練習，在行動計畫裡加入一些儀式感。不管是泡茶、煮咖啡，還是排訂固定的時間，試行看看儀式感是否有助於持續行動，以及習慣的養成。

贏在邏輯思考力：玩一場擴張邊界的遊戲

作者	郝旭烈
商周集團執行長	郭奕伶
商業周刊出版部	
總監	林雲
責任編輯	潘玫均
封面設計	林芷伊
內頁排版	点泛視覺設計工作室
出版發行	城邦文化事業股份有限公司　商業周刊
地址	115020 台北市南港區昆陽街 16 號 6 樓
	電話：(02)2505-6789　傳真（02）2503-6399
讀者服務專線	(02)2510-8888
商周集團網站服務信箱	mailbox@bwnet.com.tw
劃撥帳號	50003033
戶名	英屬蓋曼群島商家庭傳媒股份有限公司城邦分公司
網站	www.businessweekly.com.tw
香港發行所	城邦（香港）出版集團有限公司
	香港灣仔駱克道 193 號東超商業中心 1 樓
	電話：(852)2508-6231　傳真：(852)2578-9337
	E-mail：hkcite@biznetvigator.com
製版印刷	中原造像股份有限公司
總經銷	聯合發行股份有限公司　電話：(02) 2917-8022
初版 1 刷	2023 年 4 月
初版 7 刷	2024 年 8 月
定價	380 元
ISBN	978-626-7252-24-6
EISBN	9786267252307（EPUB）／9786267252291（PDF）

國家圖書館出版品預行編目 (CIP) 資料

贏在邏輯思考力：玩一場擴張邊界的遊戲 / 郝旭烈著 . -- 初版 . -- 臺北市：
城邦文化事業股份有限公司商業周刊，2023.04　面；　公分

ISBN 978-626-7252-24-6(平裝)

1.CST: 思考 2.CST: 邏輯 3.CST: 思維方法

176.4　　　　　　　　　　　　　　　　　　　　　112000817

藍學堂

學習・奇趣・輕鬆讀